조선시대
경기 서해연안의 목장 연구

인천학연구총서 52

조선시대
경기 서해연안의 목장 연구

이홍두

보고사
BOGOSA

　2022년 3월 15일 인천대학교 인천학연구원이 저서과제를 공모한다는 기사를 접하고, 4월 4일 저서과제로 「조선시대 경기 서해연안의 목장 연구」를 제출했는데, 4월 15일 연구위원회의 심사 결과 선정되었다는 통보를 받았다.

　필자는 1997년 2월 동국대학교 사학과에서 박사학위를 취득한 직후에 심사위원이셨던 남도영 교수님의 부탁으로 『한국마정사』 재판의 교정·윤문에 참여하였으며, 이때 기마전과 마목장 연구를 평생 연구주제로 정하게 되었다.

　조선시대 마목장은 양주부 전곶의 왕실목장, 제주도목장, 경기 서해연안의 목장, 하삼도의 목장, 북방의 목장 등 5개 범주로 구분·설정하는 것이 요즘 국사학계의 일반적 경향이다. 이 가운데 제주도목장은 남도영 교수가 2003년 『제주도 목장사』를 발간함으로써 더할 것이 없을 정도로 독보적인 업적을 남겼다. 그동안 교수님께서는 본토의 마목장 전체를 연구하셨고, 특히 뚝섬의 왕실목장을 의욕적으로 준비하셨다. 그러나 2013년 작고하심으로써 유작의 원고만 남아있는 실정이다. 따라서 필자는 교수님의 유지를 잇겠다는 결심을 하고, 10여 년 전부터 본토 마목장에 대한 연구를 시작하여 현재 10여 편의 마목장 논문을 발표하였다.

인천학연구원의 저서과제를 본격적으로 집필한 지가 벌써 8개월이 되어 책의 발간을 앞두고 있다. 저술을 하는 동안 심적으로 부담이 되는 일이 겹쳐 힘이 들었으나, 결과적으로 기존에 발표한 연구논문이 있어서 집필을 마칠 수 있었다. 다시 말해 제3장, 4장, 5장은 기존에 발표한 논문을 저서과제에 맞추어 첨삭을 하였고, 제1장과 2장은 새로 작성하였다. 아무튼 이번 저술은 '서해연안 목장' 부분을 대체한 셈인데, 나머지 왕실목장과 하삼도의 목장 및 북방의 목장도 2~3년 안에 학술서로 발간할 예정이다.

경기 서해연안에 위치한 목장은 경기만의 강화부 목장, 인천부 자연도·삼목도목장, 남양부 대부도·덕적도목장, 수원부 홍원곶·양야곶목장 등이 있다. 강화부 목장은 본도(길상장, 진강장, 북일장, 중장)와 매음도 등 부속섬 6~7곳에 마목장을 설치했는데, 진강목장과 매음도목장이 유명하였다. 강화도목장의 유래는 고려 초기(인종 25년경) 섬 목장을 널리 설치할 때 개경에 가까운 이곳에 마목장을 설치했을 것으로 추정된다. 그러나 고종 19년(1232) 서울을 강화도로 옮긴 뒤에 마별초(馬別抄)에 군마를 조달하여 30여 년간 강화도를 방어한 것을 보면, 마목장의 규모가 매우 컸을 것으로 짐작된다. 또한 사료가 부족하여 아직 입증하지는 못했으나, 당시 인천의 자연도와 삼목도에도 마목장을 설치했을 것으로 추측된다.

강화부 본섬의 길상산과 인천군의 자연도·삼목도에 마목장을 설치한 것은 명나라가 탐라의 영유권을 매개로 제주도목장의 탈취를 시도한 것과 관련이 있다. 즉, 공민왕은 탐라의 영유권 문제를 외교적으로 해결하기 위해 마필을 제공하였지만, 명나라는 끝내 이를 합의해 주지 않고, 북원(北元) 정벌에 필요한 군마를 제주목장에서 징발할 뿐이었다. 따라서 마필 문제와 결부된 대명외교 실패는 조선왕조에게 큰 부담이 되었다. 다시 말해 명나라가 탐라의 영유권과 원나라가 설치한 목장과 말을 탈취하려고 하자, 태종은 동왕 13년(1413) 제주 목장의 종마(種馬) 1천 2백 필을 가까운 진도로, 1백여 필은 강화도 길상산에 옮길 계획을 세웠다.

그러나 진도로 옮기는 계획이 무산되자, 태종은 동왕 15년(1415) 진도로 옮기려던 일부의 마필을 자연도와 삼목도로 옮겼다. 이어서 세종은 인천군 소속의 용유도와 무의도에 마목장을 설치하였고, 강화도 본섬에 2개(진강·북일), 부속섬에 6개(매음도·신도·장봉도·주법도·보음도·위도), 남양도호부에 3개(대부도·덕적도·사야곶이도), 수원도호부에 2개(홍원곶·양야곶) 마목장을 설치하였다. 특히 세종과 세조는 강화도 부속섬에 호마목장을 세워 수도권의 군마 공급지로서 조선의 호마 생산을 중단 없이 이어갔다.

한편 마목장의 폐지는 조선 전기의 경우, 과전법의 붕괴, 15~16세기 서해안 저평지의 개간, 목장의 둔전 설치, 사적토지소유에 따른 마목장의 절수(折受)와 밀접한 관련이 있다. 조선 후기의 경우는 임진왜란으로 남·북방의 목장 대부분이 적의 수중에 들어갔을 때 강화도와 서해안 여러 마목장에서 군마를 보급하여 왜군 격퇴에 공을 세웠다.

결론적으로 말하자면, 조선시대 경기 서해연안의 마목장은 명나라의 마필 요구와 궁궐의 숙위군 및 지방 군사에게 군마를 제공하기 위해 설치되었다. 또한 조선 전기의 마목장은 수군을 양성하여 서해안에 출몰하는 왜구 퇴치를 위한 해방론(海防論)의 본거지가 되었으며, 병자호란이 끝난 직후, 남양만 중심의 방어체제를 수도 한양 중심의 방어체제로 전환할 때 경기 서해연안 마목장은 군사기지 변화의 중심에 있었다. 즉, 당시 화성군 남양만에 있던 영종진이 효종 4년(1653) 지금의 영종도로 옮겨왔다. 다시 말해서 당시 자연도(紫燕島)를 영종도(永宗島)로 개칭하고, 그곳에 영종진을 설치했는데, 이후 영종진은 1875년(고종 12) 9월 일본의 근대전함 운양호의 피격사건이 있기까지 서해안 방어의 중심이었다.

본서를 집필하는데 여러 사람들의 도움을 받았다. 가장 큰 조력자는 인천학연구원의 상임연구원이신 남동걸 박사님이다. 그리고 여러 모로 바쁜 와중에 토론자로 참여해 주신 이영석 인천대학교 학장님, 강옥엽 인천여성사연구소 소장님, 강덕우 인천개항장연구소 소장님께 깊은 감사를 드린다. 또한 본서를 정성스럽게 편집해 준 보고사 김흥국 사장과 편집팀에게 고마움을 전한다.

2023년 1월 9일
조선시대 馬牧場의 활발한 연구를 기원하며
李弘斗

제1장 말의 기원과 한국의 마목장

제1장

말의 기원과 한국의 마목장

I.
서역마의 유입과 삼국시대 마목장

1. 서역마의 기원

처음 북아메리카에서 출현한 말은 자연환경에 적응하면서 여러 단계에 걸쳐 진화해왔다. 즉, 홍적세(洪積世) 초기(100~50만 년 전)에 베링해협을 건너 아시아와 유럽 전역으로 퍼졌다. 그러나 북아메리카와 유럽에 있던 말은 빙하기에 절멸되고, 오직 중앙아시아의 말들만 살아남아 야생마·야생나귀·얼룩말 등으로 분화되었다.

홍적세 후기(1만 2천 년 전)부터 현대의 충적세(빙하기가 끝난 1만 년 전부터 현재까지)에 걸쳐 중앙아시아에서 서식하고 있던 야생마의 일부가 유럽 전역으로 이동하였다. 따라서 유럽에서는 독일야마·북방야마, 아시아에서는 프르제발스키(Przewalski)馬·타르판(Tarpan)馬 등이 산출되었는데, 그중 가축마가 된 것은 다음 두 가지다.

먼저 프르제발스키馬는 몽고로부터 고비사막 일대에 걸쳐 서식한 야생마다. 1878년 러시아의 탐험가 프르제발스키가 중앙아시아 키르키즈스탄에서 야생마의 두골을 발견하였다. 그런데 이 말의 키는 130cm 정도이고, 발견자의 이름을 붙였으며, 지금도 서몽고 지방에 생존하고 있다.

다음으로 타르판馬는 남러시아에서 코카서스 지방에 걸쳐 1879
년까지 서식한 야생마다. 1766년 Gmelini에 의해 발견되었고
Antonius[1]의 연구로써 확인되었다. 그리고 Antonius는 가마(家馬)
조상의 계통문제를 다음과 같이 분류하였다.

> 가) 초원마(草原馬)는 최근까지 초원에서 야생한 Przewalski馬를 지
> 칭하며, 이 계통의 대표적 가축은 몽고마다.
> 나) 고원마(高原馬)는 고원이나 사막, 돌이 많은 산 중턱에서 야생한
> Tarpan馬가 이에 속하며, 이 계통의 대표적인 가축은 아랍마다.

위의 가마 조상 분류에서 몽고마는 초원마에 속하고, 아랍마는
타르판마 계통으로 고원마에 속한다는 것을 알 수 있다. 특히 타르
판마는 중국 고문헌에 서역마(西域馬), 천마(天馬), 천리마(千里馬) 등
으로 기록된 명마로서 체형이 아름다울 뿐만 아니라 체질이 강건하
여 세계 여러 나라에 전해졌다.[2]

그동안 일본과 중국 등 외국 학계는 호마에 대한 연구가 활발하지
만, 한국 학계는 호마의 유입과 전래 문제를 명확히 밝히지 못하고
있다. 또한 고려전기와 여말선초 북방에서 전래한 달단마(韃靼馬)를
몽고마의 잡종으로 인식할 뿐이다. 따라서 달단마를 타르판마 계통
의 고원마로 보고 연구할 필요가 있다. 따라서 여기서는 삼한시대와

---

1) Antonius, O., 1922, 『Grundzuge einer Stammgeschichte der Haustiere』.

2) 南都泳, 1996, 『한국마정사』, 한국마사회 마사박물관, 7~8쪽.

삼국시대를 통해 서역마가 한반도에 전래되는 일련의 과정을 살펴
보려고 한다.

앞에서 살펴본 것과 같이 중앙아시아 말은 프르제발스키마 계통
의 몽고마와 타르판마 계통의 달단마로 구분한다.[3] 몽고마의 기원
에 대해서는 Stegmann과 에가미 나미오(江上波夫)가 프르제발스키
마(중국 북방마)로 규정하였다.[4] 그러나 독일 Wager와 중국의 謝成俠
은 몽고마의 시조를 야생마로 본 것이 다르다.

그리고 일본학자 加茂儀一은 조선의 달단마를 몽고마로 이해한
반면, 林田重幸은 서역마로 해석하는 견해가 상호 대립한다.[5] 다만
한국 학계는 호마가 몽고마 계통이라는 견해를 따르고 있다. 그러나
이홍두는 한국의 호마를 타르판마 계통의 서역마로 짚었다.[6] 따라
서 이홍두는 한국의 호마를 다음과 같이 시기를 구분하였다. 즉, 삼
한과 삼국시대의 서역마, 고려전기의 달단마, 고려 후기의 몽고마,
조선 전기의 달단마가 그것이다.

아시아에서는 현재 말의 원산지로 알려진 중앙아시아를 비롯하
여 여러 명마가 생산된바, ① 중앙아시아마,[7] ② 몽고마[8], ③ 중국마

---

3) 몽고마는 프르제발스키의 야생마가 원조인데, 서몽고로부터 고비사막 일대에 걸
   쳐 서식하였다. 그리고 타르판마는 남부러시아에서 코가서스 지방에 야생한 아랍馬
   이다.

4) Stegmann. F, P., 1924, 『Die Rassengeschichte der Wirtschaftstiere und ihre
   Bedeutung für die Geschichte der Menschheit』; 江上波夫, 1967, 『騎馬民族國家』,
   中央公論社.

5) 加茂儀一, 1973, 『家畜文化史』, 日本法政大學出版局; 林田重幸, 1958, 「日本在來馬
   の系統」, 『日本畜産學會報』 28.

6) 南都泳, 1996, 『한국마정사』, 한국마사회 마사박물관; 이홍두, 2016, 「호마의 전래
   와 조선시대 호마목장의 설치」, 『군사』 99.

가 대표적이다. 이들 서역[9]에서 생산된 말은 흉노족·몽고족·중국 한족 등에 의해 여러 지역으로 전파되었다. 특히 서역의 명마[10] 가운데 대완국(大宛國)에서 산출되는 대완마를 최고로 쳤다.

그런데 이 나라에서는 우수한 말 뿐만 아니라 말이 좋아하는 사료인 거여목[苜蓿]이 산출되는 것으로 유명하였다. 한편 중국에서는 대완마를 최고로 쳐서 이를 한혈마·천리마·천마·신마·용마 등으로 불렸다. 따라서 말의 호칭을 통해 볼 때 고구려의 신마와 신라의 천마는 서역마가 틀림없다고 생각한다.

그리고 대완마는 한대 이후 남북조를 거쳐 수·당에 이르는 동안에 서로 교류되고 개량되어 갔다. 이 같은 사실을 통해 중국이 서역마 전파의 통로였음을 알 수가 있다. 즉, 대완마를 처음 중국에 소개한 사람은 한 무제(武帝, B.C. 141~87) 때의 장건(張騫)이었다. 『사기(史記)』권123, 대완열전(大宛列傳)에 그 내용이 전해오는데, "대완마는

---

7) 중앙아시아馬는 중국 고문헌의 서역과 중앙아시아 서쪽의 아랄海(Aral sea)·카스피海(Caspian sea) 주변에서 사육하는 馬種으로서 아랍馬, 타르판(Tarpan)馬, 서역마로 불렸다.

8) 몽고마는 바이칼湖 남쪽의 몽고고원을 중심으로 하여 북쪽으로 대흥안령산맥 일대의 초원지대에 분포하였다.

9) 서역은 원래 중국 서방에 있는 모든 외국을 총칭하는 것으로 일명 西戎이라고 불렸다. 그런데 『漢書』西域傳에는 그 범위를 "남북에 大山이 있고 중앙에 강이 있으며, 동서 6천리, 남북 1천리"라고 기록하였다. 이것은 지금의 중국 신강성 위글자치주에 있는 天山山脈과 崑崙山脈 사이의 타림 분지를 가리킨다. 이후 교통이 빈번해짐에 따라 범위가 확대되어 '서역의 남북로'를 통하여 도달되는 지방을 모두 서역에 포함시켰다. 따라서 서역은 처음 36국에서 55개국으로 확대되었다.

10) 서역의 명마는 파밀(Pamir)고원을 중심으로 大宛·烏孫·大夏 계통의 汗血馬와 카스피해 동쪽 康國 계통의 善馬, 그리고 이란 산악에서 아라비아 네지트(Nejid)에 이르는 波斯(페르시아)·大食(사라센·아랍) 계통의 龍馬 등이 있다.

선마(善馬)이며, 피를 땀[汗血]으로 흘린다."고 하였다.

여기서 대완마가 피땀을 흘리게 되는 원인은 극한기에 말이 눈보라를 맞으면, 피부의 혈액이 정체되어 응어리가 된 혈관이 생기게 되는데, 말은 이것이 가려워서 이빨로 긁어 피가 나오는 것이다.[11] 또한 『사기』와 『한서(漢書)』에서는 1천 리를 달리는 말이라고 하였고, 당나라 두보(杜甫)는 1만 리까지 안심하고 달릴 수 있다고 하였다.[12]

한편 고대 한국에 서식한 말은 크게 두 종류로 구분한다. 하나는 고조선에서 사육한 토종의 과하마(果下馬)이고, 다른 하나는 중앙아시아에서 유입한 서역마다. 여기서 전자는 몽고마 계통이고, 후자는 서역마 계통으로 혈통이 상호 다르다. 특히 과하마는 키가 3척(尺)이 되지 않아서 말을 타고 과수원 아래로 지나갈 수 있기 때문에 붙여진 이름이다.

고조선이 연나라와 전쟁에서 패배해 배상금으로 과하마 5천 필을 바쳤다는 기록과 한 무제와 위만조선의 우거(右渠)가 대립했는데, 우거가 말 5천 필을 바치고 군량미를 보내 화친을 맺었다.[13]는 기록을 통해 볼 때 과하마는 고조선에서 위만조선으로 계승되었음을 알 수

---

11) 橫山貞裕, 1971, 「汗血馬と天馬」, 『騎馬の歷史』, 東京: 講談社.

12) 두보는 말에 관하여 조예가 깊었다. 즉, 한혈마[대완마]는 군살 없이 날씬하고 발목이 가벼워 1만 리까지 안심하고 다닐 수 있는 명마라고 하였다. 그는 또한 '靑驄馬'를 읊은 시 가운데 "전쟁터에 나가서는 당할 놈 없네. (중략) 굽 높고 발목 받아 쇠처럼 단단하고, 오색 무늬 흩어져 몸에 감돌며, 번개보다 빠르네."라고 하였다. 이러한 한혈마는 높은 산이나 돌이 많은 곳에 서식하면서 번식하였다(南都泳, 1996, 앞의 책, 13쪽)

13) 『史記』 卷115, 朝鮮列傳 55.

있다. 위만조선이 멸망한 후 과하마는 부여와 고구려·예맥·옥저에
전해졌는데, 과하마는 이들 네 나라의 특산물로서 중국 사신이 오면
바쳤다.

특히 부여는 동북지역 가운데 가장 넓은 분지로서 흙은 오곡과
말먹이 풀이 잘 자라서 말을 기르기에 가장 적합한 자연 조건을 갖
추었다. 그리고 형이 죽으면 형수를 부인으로 삼는 풍습은 흉노의
풍습을 따른 것인데, 이를 통해 부여의 과하마와 흉노의 호마(胡馬)
가 상호 연관이 있을 것으로 생각된다. 아무튼 부여에서 고구려에
전래된 과하마는 이후 백제와 신라로 전해졌으며, 고려와 조선으로
전해져 한국의 재래마로 불렸다.[14]

그런데 과하마의 계통을 북방의 몽고마에서 유래한 것으로 이해
지만, 중국 서남방의 사천·운남에서 산출되는 사천마와 체고 및 체
격이 유사한바, 앞으로 연구 결과가 주목된다.

2. 삼한시대 서역마의 유입

그동안 국사학계는 삼한시대 북방의 유목민들이 한강 이남에 내
려와 토착세력을 제압하고 소국의 왕이 되었다는 주장을 부정한
다.[15] 그러나 서강대 교수 이종욱은 삼한시대 가락국과 사로국 같은

---

14) 南都泳, 1996, 『한국마정사』, 한국마사회 마사박물관, 30~49쪽.
15) 김철준은 삼한시대 초기국가(부족국가)를 세운 추장들은 씨족사회의 생활전통을
   계승한 토착세력의 후예들로 이해하였고, 이기백은 청동기를 권위의 상징물로 소유
   하고, 고인돌에 묻힐 수 있는 특권을 지닌 사람들이 성읍국가의 정치적 지도자였다

추장사회를 국가단계로 발전시킨 세력이 북방의 유목민과 고조선, 부여, 고구려 등의 이주민 세력이라고 하였다.[16] 따라서 여기서는 이종욱의 연구 성과를 바탕으로 삼한시대 중앙아시아의 서역마가 한강 이남에 유입한 사례를 먼저 왕릉의 유사성과 관련하여 살펴보고, 다음으로 중앙아시아 흉노국가의 흥망성쇠에 따른 민족이동에 대해 살피고자 한다. 그러면 삼한시대 중앙아시아 유목민의 이동과 함께 서역마가 한강 이남에 유입되었다는 가설의 근거는 무엇인가.

첫 번째 근거는 왕릉의 모양과 내부 공간의 유사성인데, 수천 년 간격을 두고, 중앙아시아와 신라·가야초기 무덤 양식이 적석목곽분으로 상호 동일하다는 것이다.[17] 이러한 왕릉의 양식은 관을 덮는 대형의 개석을 사용하는 특징을 보이는데, 일본의 북구주에서도 똑같은 형태의 왕릉이 발견되었다. 그리고 부산 근처 김해 대성동에서도 가야 왕릉으로 보이는 유적이 발견되었다. 아무튼 이들 유적은 묘의 양식이 적석목곽분이고, 이것은 시베리아에서 동북아시아로 퍼졌으며, 후에는 중국으로도 들어갔다.

다음은 스키타이의 사회·문화가 삼한시대[18]에 끼친 영향력에 관

고 하면서 성읍국가(초기국가) 지배자들은 신석기시대 부족장의 후예로서 그 전통을 이어받았다고 했다(김철준, 1975, 『한국고대국가 발달사』, 한국일보사, 46~49쪽; 이기백, 1990, 『한국사신론』, 32쪽).

16) 이종욱, 1999, 『한국 초기국가 발전론』, 새문사, 97~101쪽.

17) 기마민족은 정복국가의 토착문화에 융화되었는데, 그들의 왕이나 유력자가 죽으면 그 묘에 마구와 무기를 부장하였다. 신라에서는 일찍부터 이러한 유물의 존재가 알려졌지만, 가야에는 이러한 고분이 없었다. 그런데 1980년대 초부터 금관국 부근인 부산 동래 복천동 고분과 대가야의 고령 지산동 고분군에서 기마민족의 유물로 보이는 무기와 마구가 나왔다.

18) 삼한시대는 소국시대 또는 열국시대라고 한다. 三韓은 馬韓, 辰韓, 弁韓을 지칭하는

한 것이다. 스키타이는 그리스, 마케도니아 국가들과 인접하여 그리스 문화를 받아들였고, 무역을 하며 동쪽 알타이 지방의 황금[19]이나 모피들을 헬레니즘 국가의 금세공 물건들과 교환했다. 그리고 독특한 동물장식의 특징을 가진 청동기 문화를 형성했던 것으로 알려지고 있다. 결국 이 같은 상황이 후대에 와서 동쪽으로 펼쳐진 거대한 범위를 '스키타이 시베리아형' 문화라고 표현한다.

이렇게 볼 때 유목 기마생활의 사회·문화 유형은 스키타이의 영역을 훨씬 초월하여 중앙아시아의 초원지대와 그 북쪽에 펼쳐있는 삼림 스텝지대의 대부분을 뒤덮고 있다는 것을 부인하기 어렵다. 즉, 스키타이 국가가 모든 유목국가의 원류를 이루었는데, 그들의 일파가 삼한시기에 한강 이남으로 진출하여 삼한시대 초기국가를 세웠다고 볼 수 있다. 따라서 북방에서 내려온 스키타이 후예들은 기마전에 유리한 큰 체형의 서역마를 소유하였을 뿐만 아니라 등자 등 마구도 토착세력의 그것을 압도하였다.

한편 『삼국사기(三國史記)』에는 기원전 57년 경주지역에서 철기문화를 가진 북방의 이주민 집단이 토착의 사로 6촌과 연합하여 사로국을 세웠다는 기록이 전한다. 그런데 신라 건국 설화에는 서역마가 등장한다. 즉 "고허촌장 소벌공이 양산 기슭 나정 옆의 숲 속에서

데, 삼한의 위치는 현재 남한의 영역이고, 그 내부에는 부족국가라고 하는 여러 개의 국이 있었다.

19) 유럽 흑해 지방 드네프르 강 유역과 중앙아시아 유역에서 이들이 남긴 황금 유물이 출토되었다. 사카와 오르도스로 이어지는 황금 문화의 원류 격이다. 출토되는 황금 유물의 수준이 무척 높은 것으로 보면, 이들은 흑해에서 기원전 7세기부터 정착한 그리스인들로부터 조형기술을 전수받은 것으로 보인다.

천마총의 천마도(국립경주박물관 소장)

말이 엎드리어 울고 있는 것을 보고 좇아갔다. 어느새 말은 보이지
않고 다만 큰 알 하나가 있어서 그 알을 쪼개니, 어린아이가 들었으
므로 거두어 길렀다"는 기록이 그것이다.

여기서 흰 말은 경주시 황남동 제155호분 천마총에서 1973년 발
굴한 천마도장니(天馬圖障泥)의 천마와 동일한 서역마로 볼 수가 있
으며, 어린아이는 시조 박혁거세[20]를 지칭한다. 천마총은 적석목곽
분으로 조성되고, 기마인물도, 말안장[鞍橋], 등자[鐙子], 말재갈[馬
銜], 마구 종류 504개가 출토되었으며, 고분의 입구에서 발굴한 마구

---

20) 13세에 사로 6촌장의 추대로 서나벌(신라) 왕으로 추대된 박혁거세 이주민집단은
　　기마전과 騎射에 능숙하였고, 목축 기술도 갖추고 있었다. 따라서 이들 이주민집단
　　은 국가를 운영할 정치적 실력은 물론이고, 군사적 실력도 갖춘 집단이었다(이종욱,
　　1999, 앞의 책, 121~122쪽).

와 말뼈를 통해 말 순장의 전통을 알 수 있는바,[21] 이 같은 무덤
양식은 중앙아시아 기마민족의 무덤 양식과 동일하다는 사실이 주
의를 끈다.

두 번째 근거는 한반도에 서역마를 전래한 유목국가는 스키타
이[22]를 계승한 동호(東胡)인데, 동쪽의 끝에 있었던 예맥과 고조선이
동호와 접경지대를 이루어 흉노의 기마문화가 유입되면서 서역마가
전래되었다는 것이다.

그런데 동반부의 유목집단은 어디에서나 그다지 강력하지 않았
다. 즉, 동반부에서 유목국가의 형성은 서반부보다 훨씬 늦었다.[23]
그러나 전국시대가 중기를 지날 때, 다시 말해 기원전 4세기 후반경
이 되면, 상황은 급속히 변했다. 중국 본토 북쪽의 제국(諸國)은 흉노
의 침공을 저지하려고 각기 장성을 축조하기 시작하였다.

그 이전 동방의 유목민들은 말을 사육하였지만, 기마술과 각종
마구가 결핍되었고, 이동 목축의 범위도 극히 제한된 지역에 머물렀
다. 그러나 그것이 변했다. 즉, 동호의 유목민들은 기동성·집단기술

---

21) 문화공보부 문화재관리국, 1974, 『天馬塚』
22) 중앙시아 최초의 기마민족이었던 스키타이는 말을 타는 기술을 습득한 이란계 유목
   민들 속에 그 일부가 카스피해로부터 흑해의 북안지대로 이동하였다. 그들은 말을
   타는 기술이 첨가되면서 완급을 조절하는 능력이 더해졌고, 활 쏘는 騎射가 결합되
   면서 통제된 군대로 변신했다. 즉, 기원전 8세기 스키타이가, 영토를 확장하여 아케
   메네스 왕조 페르시아 다리우스 1세의 침공을 물리쳤으며, 기원전 7~6세기에 경쟁
   자였던 킴메르아족을 캅카스지역 너머로 몰아내고, 동서남북으로 세력을 크게 확장
   시켰다. 따라서 스키타이는 중앙아시아까지 세력을 확장하게 되었다.
23) 당시 중국 본토 역시 도시국가의 단계를 충분히 벗어나지 않았지만, 춘추시대 말기
   부터 전국시대 초기, 즉 기원전 5세기경 열국의 제후도 그들을 가볍게 정벌할 수
   있을 정도였다.

을 몸에 익혀 급속히 군사화 되어갔다.

유목국가의 새로운 시대 담당자는 흉노의 태자 묵특이었다. 묵특은 기원전 209년 차례로 계모와 동생, 그리고 대신으로서 복종하지 않는 자를 모조리 주살하고, 스스로 선우의 자리에 올랐다. 중국이 한·초전으로 지쳐있을 때 국내를 통일하고, 자강(自彊)할 시간적 기회를 얻자, 즉시 한 고조(유방)를 제압하였다.[24]

한(漢)의 제7대 무제(武帝, B.C. 141~87)는 흉노제국에 반격을 가했다. 즉, 장기간의 신속관계(臣屬關係)를 파기하였다. 다시 말해서 20대 후반부터 50년간 흉노·한의 전면전쟁에 돌입했다. 무제는 흉노제국의 구조와 약점을 잘 알고 있었기 때문에 형세는 점차 역전되었다. 연합체의 결합이 느슨해졌던 흉노는 군사면에서 한의 공세가 가해지고, 경제면에서의 곤경으로 인하여 내분이 일어나 급속히 약화되었다.

결국 한의 무제는 기원전 108년 한반도 북쪽 경계선에 위치하여 흉노제국의 영향 하에 있던 위만조선을 멸망시키고, 낙랑 이하 4군을 설치했는데, 이와 같은 전략은 무제가 흉노국과 최후의 일전을 갖기 위해 후방의 근심을 제거한 것으로 볼 수가 있다. 따라서 그동안 위만조선이 흉노국가에서 수입하던 서역마는 이후 유입이 끊겼

---

24) 기원전 202년 유방은 항우의 楚나라를 제압하고, 묵특과 白登山에서 국가의 존망을 걸고 결전하였다. 묵특은 거짓으로 패하며 한의 병력을 유인했다. 고조는 묵특의 거짓 도주전술에 감쪽같이 걸려들었다. 고조는 선두로 平城에 도착했는데, 보병의 주력부대가 도착하지 않은 상황에서 직속의 기병대만으로 성급히 돌진하였다. 묵특은 40만기로 고조를 백등산 위로 몰아넣고 7일 동안 포위하였다. 결국 고조는 흉노 선우의 처인 연지에게 후한 뇌물을 주고 화친한 다음에 흉노의 속국이 되었다.

흉노제국의 영역

다고 볼 수가 있겠다.

한편 묵특이 흉노왕에 올랐을 때 동쪽의 동호(東胡)를 격파하여 그 백성과 가축을 노획하고, 서쪽으로는 월지(月氏)를 토벌하여 중앙 아시아 전체를 아우르는 흉노제국을 이루었다. 따라서 흉노제국은 몽골고원을 중앙으로 하여 선우가 직접 통치하고, 한반도 북쪽에 이르는 동방은 좌현왕(左賢王)이, 천산에 미치는 서방지역은 우현왕 (右賢王)이 통치한바, 부채 모양으로 전개하는 장대한 구조를 이루었다. 그런데 5세기 백제에서도 좌현왕·우현왕의 칭호를 사용하였다. 따라서 이 같은 사실은 고대의 한반도에 흉노의 그림자가 의외로 깊었음을 알 수 있으며, 한편으로 백제 역시 흉노국가나 한사군에서 서역마를 수입한 것으로 추정된다.

한나라는 외척 왕망(王莽)이 왕조를 찬탈하여 15년간 신왕조(新王朝)를 통치한 사이(기원후 8~23년)에 커다란 변화를 초래하였다. 즉, 왕망은 20만 대군으로 흉노와 전면전을 수행하였으나, 완전히 실패로 끝났다. 따라서 한 무제의 강경정책으로 흉노에서 이탈했던 오환(烏桓) 계열의 선비족(鮮卑族)이 재차 흉노체제로 편입되었다. 이후 한사군(漢四郡) 체제에서 삼한의 여러 국가는 선비를 통해 서역마를 수입하였으며, 이러한 방식은 고구려로 이어진 것으로 보인다.

3. 고구려 서역마의 전래

서역마는 고구려가 중장기병으로 사용하는 큰 체형의 말을 지칭한다. 다 알다시피 중장기병은 무거운 중량의 마구를 갖추어야 하는 까닭에 소형의 과하마는 적합하지 않았다. 따라서 큰 체형의 서역마가 필요하였다.[25]

고구려 서역마 유입 과정은 두 가지로 볼 수가 있다. 하나는 야생의 서역마가 국경을 넘어오는 것이고, 다른 하나는 고구려가 흉노국가에서 서역마를 수입한 것이다. 전자는 대무신왕 5년(기원후 22) 잃어버린 신마가 어느 날 부여 말 1백여 필을 이끌고 나타난 것이고,[26] 후자는 고구려가 국경을 접한 동호(東胡)나 오환(烏丸) 계열의 선비(鮮卑)에서 서역마를 교역한 것이다.[27] 한편 유리왕 31년(기원후 12) 중

---

25) 이홍두, 2013, 「고구려 胡馬의 유입과 鐵騎兵」, 『역사와 실학』 52, 7~13쪽.
26) 『三國史記』 卷14, 高句麗本紀 2, 大武神王 5年 3月.
27) 『三國史記』 卷13, 高句麗本紀 1, 琉璃王 11年 4月.

국 신(新)나라 왕망의 요청에 따라 고구려가 흉노정벌을 위해 중앙아시아 차사국(車師國)에 기병을 파견했는데, 이때 서역마를 얻었을 것으로 추정된다.[28]

다음의 사료가 바로 그와 같은 것을 설명하고 있다.

> 유리왕 31년 신(新)나라 왕망(王莽)이 고구려 군사를 징발하여 흉노를 정벌하려고 할 때 고구려 군사들이 가려고 하지 않는지라, 한(漢)이 강제로 보내려고 하였다. 고구려 병사들은 모두 색외(塞外)로 도망해 국경을 벗어나 신나라 군현을 침략하고 도망쳤다. 왕망은 요서 대윤(大尹) 전담(田譚)을 시켜 고구려 병사들을 추격하게 했으나, 전담은 추격 중에 사망했다. 한(漢)의 군현에서는 그 허물을 고구려에 돌렸다. 엄우가 왕망에게 아뢰기를, '고구려가 법을 어겼으나, 이를 위로하는 것이 좋을 것'이라고 하며, '지금 너무 큰 벌을 내리면, 고구려가 끝내 배반할까 두렵다'고 했다. 엄우는 왕망에게 '부여의 족속 중에도 반드시 이에 동조하는 자가 있을 것'이라며, '흉노를 정벌하지 못한 이때 부여와 예맥이 또다시 들고일어나면, 이는 큰 우환이 된다.'고 아뢰었다. 그런데도 왕망은 이를 듣지 않고, 엄우에게 명하여 고구려 군사를 치게 했다. 엄우는 고구려 장수 연비를 유인해 살해한 뒤 목을 베어 장안에 전달했다. 왕망은 크게 기뻐하며, 유리왕 31년에 고구려왕을 '하구려후(下句麗侯)'라 칭하고 이를 천하에 포고해 모두 알게 하였다. 그러나 고구려는 신나라 변방을 자주 침공하였다.[29]

위 사료는 신나라가 흉노를 정벌하기 위해 고구려 기병을 징발하

---

28) 이홍두, 2013, 「고구려 胡馬의 유입과 鐵騎兵」, 『歷史와 實學』 52, 9~10쪽.
29) 『三國史記』 卷13, 高句麗本紀 1, 琉璃王 31年.

여 강제로 중앙아시아 차사국에 파병코자 하니, 고구려병사들이 모
두 국경을 벗어나 한의 변방을 치자, 요서 대윤이 추격 중에 사망하
였으며, 왕망의 부하 엄우가 고구려 연비장수를 사살했음을 말하고
있다. 따라서 연비장수가 죽자, 고구려병사들은 끝내 흉노의 차사국
(車師國, 지금의 키르키즈스탄 인근)까지 징발되었던 것으로 보인다. 여
기서 신나라가 고구려 기병을 징발한 것은 흉노의 기병이 너무 강력
하여 신나라가 차사국을 제압하는데 한계가 있었음을 뜻한다. 즉,
흉노를 정벌할 계획을 세울 때 강력한 고구려 기병의 전투력을 빌렸
다는 것은 신나라가 독자적으로 흉노를 제압할 수 없었음을 의미한
다. 다시 말해서 기마민족 차사국은 기병대가 강력하여 고구려 기병
에게도 버거운 상대였음을 입증하는 것이 아닌가 한다. 이는 소제(昭
帝) 때의 흉노와 한제국 간의 평화공존시대가 이때 와서 붕괴됨에
따라 나타난 결과로 보인다.

아무튼 한나라는 집권층의 갈등이 계속되는 속에 외척인 왕망이
왕위를 찬탈해 신(新, 8~23)을 세움으로써 대흉노 정책에 커다란 변
화를 초래하였다. 국가개혁을 단행한 왕망은 흉노와의 관계에서 새
로운 형태를 요구하였다. 즉, 흉노에 후대하는 것을 끝내고, 대흉노
강경책으로 전환하였다. 특히 흉노체제의 동쪽에 있는 오환을 흉노
로부터 이반하도록 부추겼다.

그 결과 흉노측도 할 수없이 한(漢)과의 화친정책을 깨고 한의 북
변을 다시 공격하였다. 왕망은 마침내 20만 대군으로 흉노와 전면전
을 수행했으나 완전히 실패로 끝났다. 결국 한나라의 대외 강경정책
에 의해 흉노로부터 이반되었던 오환 계열의 선비족이 다시 흉노체
제에 편입됨으로써 오히려 예전의 강성함으로 돌아가게 되었다.

키르기스스탄과 중국 신장위구르자치구 접경지대의 유적(차사국 본영이 있던 곳)

그러면 당시 차사국에 파견한 고구려 병사의 숫자는 얼마나 될까. 이는 '고구려군이 차사국 파견을 거부하자, 신(新)의 장수 전담(田譚)이 고구려 군사를 추격하다 전사했다'는 사실(史實)은 전담의 군사보다 고구려 군사의 수가 결코 적지 않았음을 시사한다.

한편 연세대 교수 지배선은 유리왕의 파병 기록을 통해 '고구려 군사들이 귀국하지 못하고 중앙아시아에 정착했다'는 가설을 제기하였다. 즉, 지배선은 "서역 차사국 사람의 얼굴 모습이 고구려인과 같으며, 등까지 변발(辮髮)을 늘어뜨렸고, 여자 머리털은 땋아서 길게 늘어뜨렸다(其人面貌類高麗, 辮髮施之於背, 女子頭髮辮而垂)."는 『통전(通典)』 차사전(車師傳)조 5204쪽의 기록에 주목하였다. 지배선은 이 기록에 대해 "고구려인의 얼굴 모습과 아울러 머리 모양까지 파악할 수 있는 귀중한 자료"라고 하면서 "당시 고구려 병사들이 삼국 최초의 집단 유민이었을 가능성이 크다"고 말했다.[30]

그러나 필자는 차사국에 파병한 고구려 병사들이 유민으로 남았

---

30) 지배선, 2016, 『한민족 연구』 12.

다는 근거를 찾을 수 없었다. 즉, 파병한 군사들을 지휘하려던 연비 (延丕) 장수가 전사했다는 것만 가지고 현지에 정착했다고 볼 수는 없다는 것이다. 위 인용문에서는 직접 언급하지 않았지만, 유리왕은 흉노의 차사국에는 서역의 명마가 산출되기 때문에 군사들이 귀국할 때 종마로 쓸 서역마 2~3필 정도를 얻어올 것을 주문하지 않았을까 한다.

그러면 당시 고구려 군사들은 어떻게 차사국의 서역마를 소유하였을까. 이에 대한 사료가 없기 때문에 구체적으로 알 수 없지만, 아마 두 가지 방법이 있었을 것으로 추정한다. 하나는 말을 직접 구매하는 것이고, 다른 하나는 넓은 벌판의 산 중턱에 암말을 방목하면 수말의 대완마(大宛馬, 키르기스스탄)나, 한혈마(汗血馬)와 교접하여 용마(龍馬)를 산출하는 경우와 같은 것이다.[31]

결국 고구려군이 요서 대윤 전담을 죽인 사실과 왕망의 군사참모 엄우가 강경책보다 회유책을 건의한 것은 고구려가 군사강국임을 입증한다. 그러나 고구려군은 기마전에 능한 그들에게 두려움을 갖고 있었다. 고구려군이 차사국과의 기마전을 기피한 데서 그것을 뚜렷이 엿볼 수 있다.

그러면 고구려의 잃어버린 신마가 돌아온 스토리를 서역마 유입 과정과 관련하여 어떻게 해석할 수 있을까. 이에 대해 남도영은 고구려 신마는 부여마 가운데 우수한 품종의 마필이었을 것으로 추정

---

31) 『唐書』 卷221, 西域列傳下146, 箇失密(캐시미르)條에서는 "龍種馬"라고 하였으며, 『新唐書』 卷221, 西域列傳146, 大食(사라센·아랍)條에는 千里馬로 지칭하고 있다. 천리마는 『史記』 卷24, 樂書 등에서 大宛馬, 汗血馬에 붙여진 이름이다.

하면서, 서역마 계통의 마종으로 짚었다.[32] 반면에 이홍두는 서역마라고 한 것은 동일하지만, 흉노국가의 오환이나 선비에서 유입되었다고 하였다.

한편 고대나 중세 전쟁의 승패는 무기와 전술도 중요하지만, 기동력이 승패를 갈랐다. 따라서 중국은 마차로 기동력을 실현하였고, 고구려는 기병을 통해 기동력을 얻었는데, 기동력은 등자로부터 나왔고, 등자는 흉노가 처음 발명하였다. 그들은 궁시를 주된 무기로 사용하였고, 일명 우는 화살이라고 부르는 명적(鳴鏑)도 만들었다.[33]

그런데 고구려 무용총 수렵도에 보이는 등자와 만궁(彎弓), 삼실총 벽화 개마무사 전투도에 보이는 마갑과 마면갑·무사의 갑주 등은 흉노가 창안한 기마문화다. 따라서 고구려가 흉노의 기마문화를 수입하는 과정에서 서역마도 함께 수용했을 것으로 생각된다.

고구려 철기병의 전투 장면
(삼실총 벽화)

고구려 무사 수렵도
(무용총 벽화)

---

32) 南都泳, 1996, 『한국마정사』, 한국마사회 마사박물관, 50쪽.
33) 南都泳, 1996, 위의 책, 24~25쪽.

4. 신라 황남대총과 서역마의 전래

신라를 세운 건국 주체가 북방에서 호마를 타고 내려온 기마민족이었음은 1973년 발굴한 황남대총 98호분의 북분과 남분을 통해 입증되었다. 황남대총에서 발굴한 유물의 특성은 크게 네 가지로 구분할 수 있다. 첫째는 신라 초기 특유의 적석목곽분이고,[34] 둘째는 나무와 사슴뿔을 상징하는 왕관이며, 셋째는 안장과 각종 마구류 및 순장한 말뼈이고, 넷째는 5백 여 점에 달하는 쇠투겁창[鐵矛]이다.[35]

여기서 적석목곽분은 중앙에 안치한 관을 보호하기 위해 통나무 방을 만들고 관 주변에 자갈을 깔았음을 뜻한다. 그런데 이 같은 무덤 양식은 같은 시기 고구려가 돌을 쌓아 적석총으로 왕릉을 조성하였고, 백제는 벽돌을 사용해 공간을 확보한 다음, 흙으로 봉분을 덮는 양식으로 3국간에 큰 차이를 보인다. 특히 장례 풍습이야말로 가장 보수적 성격을 갖는다고 볼 때 평지에 적석목곽분을 조성한 신라 초기의 건국 주체는 중앙아시아에서 서역마를 타고 남하한 기마민족이었음을 입증하는 것이 아닌가 한다.

또한 왕비의 능인 북분에서는 화려한 왕관이 출토되었다. 즉, 왕관은 좌우측에 사슴뿔을, 중앙에는 출자[出] 모양의 나무를 형상화했는데, 중앙아시아의 샤먼은 의식을 행할 때 반드시 주변에 키가 큰 나무를 심고서 하늘과 소통하는 풍습이 있었다. 그리고 툰드라 지역

---

34) 이종선, 1996, 「황남대총: 적석목곽분연구의 새 지표」, 『한국고고학전국대회 발표문』

35) 김정기 외, 1974, 「경주황남동 98호고분 발굴약보고」, 문화재관리국.

의 순록은 유목민의 중요한 식량이었다.

따라서 순록과 나무는 그들 기마민족에게는 절대적 존재였고, 그
것의 이미지가 왕관에 조형물로 형상화되었는데, 신라의 왕관과 유
사한 모양의 왕관이 중앙아시아에서 발굴되고 있다는 사실은 신라
의 건국 주체가 중앙아시아에서 온 기마민족이었음을 시사한다. 그
리고 그들이 처음 한반도 동남쪽 경주에 정착한 시기는 삼한시대로
비정할 수 있다.

또한 왕의 무덤이었던 남분에서는 각종 마구류와 3백여 점의 철
제무기가 출토되었다. 그런데 무기 중 기병이 사용하는 여러 종류의
쇠투겁창이 발견됨으로써 당시 신라에는 중장기병이 존재했음을 알
수 있다.

그리고 황남대총의 북분과 왕의 무덤인 남분에서는 20여 개의 화
려하고 사치한 유리컵과 순장 및 병 등이 나왔다. 이와 같은 유리제
품은 신라에서 만든 것도 있지만,[36] 특히 남분에서 드러난 봉황목
형태의 병은 중앙아시아의 제품이 확실하다. 따라서 당시 신라가
아랍권 지역에 수공예제품을 교역했다면, 서역마 역시 직접 수입했
을 개연성도 배제할 수가 없겠다.

한편 계림로 14호 무덤에서 드러난 황금보검(보물 645호)[37]과 미추

---

36) 우리 나라에서 유리제품을 생산한 것은 오랜 역사를 가지고 있다. 고구려에서도
새 모양의 유리제품이 발견되고 있다.

37) 황금보검은 1973년 대릉원 동쪽 계림로를 새로 내면서 노출된 여러 신라 무덤들
가운데 14호 무덤에서 출토되었다. 이 무덤에서는 황금보검을 비롯한 금은으로 용무
늬를 入絲한 말안장꾸미개[鞍橋], 유리로 장식한 금동 말띠드리개[杏葉], 비단벌레
날개로 장식한 화살통[盛矢具] 등이 출토되어 무덤 주인공이 누구인지 많은 추측을
불러왔다.

중앙아시아 기마민족의 중장기병(에르미타주 박물관 소장)

왕릉 1지구 4호 무덤에서 드러난 목걸이장식 유리구슬은 인물, 새, 화초 등으로 보아 서역에서 수입한 물건임에 틀림없다. 특히 황금보검은 이란고원으로부터 중앙아시아에 걸쳐 제작된 물건으로 추측되고 있다. 아무튼 신라 중장기병의 모습은 현재 러시아 에르미타주 박물관에 소장되어있는 기병의 모습과 유사했을 것으로 생각된다.

한편 에가미 나미오(江上波夫)의 기마민족설 역시 신라와 가야를 세운 주체가 기마민족이었음을 시사한다. 말이 한반도에 유입되어 본격적으로 전쟁에 참여하기 시작한 것은 고고유물로 보아 기원 전후로 생각되며, 기마전술과 관련된 마구가 본격적으로 출현하는 것은 삼국시대에 들어와서 부터다. 특히 중국 동북지방을 중심으로 성행하던 기마문화가 한반도 남부 지방에 유입되면서 기존의 삼한 사회는 특정지역을 중심으로 초기국가가 형성되었다.

또한 마구의 도입과 직접 관련되는 것이 기승용(騎乘用) 갑주인 미늘갑옷[札甲]의 출토다. 즉, 신라초기에는 보병용 갑주인 판갑(板甲)이 중심이었으며, 지역적으로 경주와 낙동강 하류지역을 포함한다. 그러나 5세기 이후 본격적으로 중장기병 전술이 도입되면서 찰갑(札甲)이 출현하며, 이후 갑주와 마구가 가야의 전역으로 확산되었다.[38]

그런데 송계현은 유라시아 스키타이인들이 사용했던 갑주와 마구가 가야의 전역으로 확산되는 시기를 5세기 이후로 보면서 그 시초는 한사군의 설치부터라고 주장한다.[39] 그러나 한사군의 설치 이전 삼한시대에 이미 서역마는 한강 이남에 전래되었다.

5. 기마민족설과 가야의 중장기병

1948년 에가미 나미오(江上波夫)는 5세기 이후 북방 기마민족이 마구와 갑주를 가야에 전해주었다는 기마민족설을 주장하였다. 즉, 기마민족설의 요지는 3세기 동북아시아에서 5호 16국이 흥기하여 저희들끼리 싸우는 혼란이 계속되었는데,[40] 그중의 한 일파가 만주방면에서 한반도를 거쳐 4~5세기에 일본열도로 이주하여 일본 최초의 고대국가를 건국했다는 학설이다.[41] 그런데 기마민족설은 임나

---

38) 金泰植·宋桂鉉, 2003, 『韓國의 騎馬民族論』, 한국마사회 마사박물관, 228쪽.

39) 위의 책, 2003, 230쪽.

40) 3~4세기 동북아시아에는 많은 민족이 흥기하였다. 특히 흉노의 우두머리인 劉淵이 漢王을 칭하고, 西晉을 멸망시킨 것을 계기로 흉노를 비롯한 鮮卑·羌·羯·氐 등 五胡가 계속적으로 북중국에 진출하여 16국을 세우고 漢人을 압박하면서 저희들끼리 싸우는 혼란이 계속되었다.

일본부설[42]과 관련이 있다. 다시 말해서 고대 일본이 임나(가야)를 중심으로 한 한반도 남부지역을 지배했다는 것이다.

이와 같은 주장에 대하여 한국학계는 기마민족설이란 근거가 취약하여 믿을 수 없다고 하였다. 특히 천관우는 삼한사회는 기본적으로 농경사회이므로 기마민족적 요인이 있었다고 하더라도 그것은 기마단을 보유한 농경민집단에 불과하다고 하였다. 또한 변한은 부여-예맥계와 구별되는 고조선·진번-한(韓)계이므로 에가미 나미오의 견해는 수긍할 수 없다고 하였다.

노태돈은 진국(辰國)의 등장이 만주 동쪽 기마민족의 내왕에 의한 것이라기보다는 오히려 고조선계의 남하 가능성이 크다고 하였다. 그리고 김정배는 고조선의 준왕이 남쪽으로 내려오기 이전부터 토광묘가 있었지만, 마구가 부장되지 않았기 때문에 삼한 사회를 기마

---

41) 金泰植·宋桂鉉, 2003, 『韓國의 騎馬民族論』, 한국마사회 마사박물관, 16쪽.

42) 임나일본부설을 요약하면 다음과 같다. 첫째, 부여·고구려계통의 북방기마민족의 일파가 3~4세기경에 한반도로 남하하여 마한지역에 佰濟를 건국한 다음, 3세기 중엽에 다시 이동하여 왜인이 진출 점거하고 있던 狗邪[김해]지방에 辰王 정권을 세우고 弁韓[임나] 세력을 지배하였다. 둘째, 4세기 초에 고구려가 남쪽으로 진출하고, 백제와 신라가 흥기하자, 弁辰만을 지배하던 辰王의 후손, 즉 崇神은 임나에서 筑紫[대판]로 이주하여 倭韓聯合王國을 세웠다. 이것이 제1회 일본건국 즉, 天孫降臨이며, 당시 일본은 고훈시대 전기였다. 任那는 그 후 왜왕의 영토가 되었다. 셋째, 4세기 말 5세기 초에 應神[왜한연합왕국]은 北九州에서 畿內로 이주해서 일본 최초의 통일국가인 야마토 조정을 세웠으니, 이것이 제2회 일본 건국 즉, 神武東征이다. 이로 인해 고훈시대 후기가 시작되었으며, 이때부터 고분 유물에 기마민족적 성격이 생겼다. 또한 왜한연합왕국은 이때 한반도에 출병하여 고구려에 대항할 정도로 크게 성장하였다. 넷째, 5세기에도 임나는 그대로 왜왕이 지배하고 있었으며, 왜왕은 전시대의 역사적 근거를 토대로 '남한 전체에 대한 지배권'의 권리를 국제적으로 요청하였다. 다섯째, 7세기 중엽 당나라의 한반도 진출에 의하여 야마토 조정이 남한 보유를 포기하기까지 일본 천황은 왜한연합왕국의 왜왕이었다.

민족이라 부를 수 없으며, 삼한은 농경 중심의 사회였기 때문에 기마민족 정복설은 타당성이 없다고 하였다.

이렇듯 에가미 나미오의 기마민족설은 북방에서 남하한 진왕(辰王)정권을 왜한연합정권과 연계하여 가야지역을 식민지로 지배했다고 주장하자, 한국학계의 고대사 학자들은 강력히 반발하였다.

그러나 1973년에 발굴한 신라의 황남대총에서 중앙아시아 유목민의 무덤양식과 동일한 적석목곽분과 왕관 및 다수의 마구류가 출토되고, 가야지역과 일본의 북구주에서도 적석목곽분이 발견되었다. 특히 가야의 중장기병 마구가 신라보다 앞섰다는 사실은 북방의 서역마가 신라보다 더 일찍 가야에 전래되었음을 시사한다. 즉, 가야 무덤들에서 마면갑[馬面甲, 말투구], 말갑옷, 말궁둥이에 꽂은 깃발대,[43] 말재갈 등의 마구류가 많이 출토되는 사실과 갑옷을 입힌 말을 탄 인물을 묘사한 물형도기(김해 덕산리 출토)를 보아도 확실하다.

결국 이 같은 상황이 삼한시대에 북방에서 남하한 기마민족이 가야 토착세력을 정복하고 고대 초기국가 설립에 대해 설득력을 갖게끔 해 주었다고 하겠다. 아무튼 가야가 멸망한 이후 중장기병의 말과 마구류는 신라와 백제에 계승되었다.

---

43) 여기서 깃발대는 왕을 호위하는 시위 행렬에서 깃발을 든 대열 또는 깃발을 든 사람을 지칭한다.

6. 삼국시대 마목장

1) 고구려의 마목장

그러면 삼국시대 각국의 국영목장 설치와 운영 및 마필 사육에 대해 살펴보자. 이에 대한 연구는 남도영이 『한국마정사』를 통해 독보적인 업적을 남겼다. 또한 이홍두는 『한국 기마전 연구』에서 일반 백성들의 마필 사육과 국영목장의 설치에 대해 고찰하였다.[44] 따라서 여기서는 고구려, 백제, 신라의 마목장의 설치와 운영에 대해 간략하게 정리하려고 한다.

삼국이 고대국가로 성장하는 과정에서 기마전이 확대되고 4, 5세기 무렵 중장기병이 등장하면서 중대형의 호마가 북방으로부터 유입되었다.[45] 당시 삼국은 중장기병 보유 여부가 전쟁의 승패를 좌우했기 때문에 양마 확보를 위한 마목장 설치를 적극 추진하였다. 삼국의 마목장 숫자는 현재 사료가 전하지 않기 때문에 정확히 알 수 없다. 그러나 신라에 1백 74개가 있었던 것으로 전한다.[46]

『삼국사기』 고구려 주몽 설화에서는 주몽이 부여에 있을 때 말을 기르는 목자였던 사실을 전한다. 따라서 고구려의 말 사육은 부여에서 시작되었음을 보여준다. 다음의 사료는 부여가 고구려 호마 유입의 통로였음을 입증한다.

---

44) 南都泳, 1996, 『한국마정사』, 한국마사회 마사박물관.
　　이홍두, 2020, 『한국 기마전 연구』, 혜안.
45) 南都泳, 1996, 앞의 책, 50쪽.
46) 南都泳, 1996, 위의 책, 110쪽.

　　시조 동명성왕 원년 주몽이 말을 가려 준마(駿馬)는 사료를 적게
주어 여위게 하고, 노둔한 말은 잘 먹여 살찌게 하니, 왕이 살찐 것은
자기가 타고 여윈 것은 주몽에게 주었다.[47]

　　위 사료는 주몽이 준마에게 사료를 적게 주어 여위게 한 다음,
자기 소유로 하였음을 말하고 있다. 여기서 주몽이 준마에게 사료를
적게 주었다는 것은 고구려 사람들이 말을 사육할 때 소식으로 단련
시켜 강인한 체력을 얻었음을 지칭하는 것이다.

　　고구려 사람들의 양마법은 다음 두 가지로 요약할 수 있다. 첫째
는 말은 15~18℃에서 먹는 양과 소화율이 높기 때문에 겨울에는
마구간의 온도를 높게 하고, 여름에는 통풍이 잘 되게 하여 온도를
낮추었다. 둘째는 말은 깨끗한 것을 좋아한다. 그래서 더러운 상태
에서 관리하면 성질이 거칠어져 군마로 사용하기가 어려웠다. 개인
소유의 군마보다 국가 소속의 국영목장에서 사육하고 조련하는 것
이 더 효율적인 소이가 여기에 있다.[48]

　　따라서 고구려에서는 목축에 유리한 지역적 조건을 이용하여 마
목장을 설치한 다음, 군마를 사육하고 조련한 바, 기병을 군대의 주
력군으로 편제하는 여건을 마련하였다. 『삼국사기』 고구려본기 '정
기오천(精騎五千)' '보기2만(步騎二萬)'의 기록은 고구려의 주력군이
기병이었음을 시사한다.

　　특히 고구려 기병은 과하마와 호마를 소유한 자영소농의 평민층

---

47) 『三國史記』卷13, 高句麗本紀 1, 始祖 東明聖王.
48) 이홍두, 2020, 앞의 책, 45쪽.

이 상당 부분 참여했을 것으로 보인다.[49] 즉, 191년(고국천왕 13) 여름 4월 "좌가려 등이 무리를 이끌고 왕도를 공격하자, 왕이 기내의 병마를 징발하여 평정했다."[50]는 사료는 당시 수도 국내성에 거주하는 백성들이 개인적으로 말을 사육했음을 전한다. 이 과정에서 사람들은 시장에서 마필을 자유롭게 매매하였다. 다시 말해서 온달이 저자에서 말을 샀다는 사실을[51] 통해서 당시 일반 백성들의 마필 사육과 매매를 확인할 수 있다. 이와 같은 일련의 사실은 평민 소농이 개인적으로 마필을 소유하면서 직접 목축했음을 반영한다.

한편 고구려 왕실과 귀족들은 마목장을 각각 설치하고 체형이 큰 호마를 사육한 것으로 보인다. 왕실목장의 경우는 황해도 안악군 용순면 유순리의 안악 3호분에서 찾을 수 있다. 즉, 안악 3호분의 피장자는 고구려 고국원왕인데, 고분의 전실 동벽에 마구간이 보인다. 다음으로 덕흥리 고분은 고구려 출신의 진(鎭)이라는 인물로서 유주자사의 벼슬을 지낸 바, 덕흥리 고분의 현실 서벽 하단의 저택 안에 마구간을 갖추었다.[52] 또한 고구려 귀족들은 식읍으로 지급받은 지역에 마목장을 설치하고 군마를 방목하였다.

그렇다면 귀족들의 사영목장에서 목축한 마필은 어떻게 사용되었을까. 아마 대부분의 마필은 귀족이 거느린 호위병과 사병(私兵)에게 지급되어 귀족의 전투력을 향상시켰을 것으로 생각된다. 그리고

---

49) 이홍두, 2013, 「고구려 호마의 유입과 鐵騎兵」, 『歷史와 實學』 52, 13쪽.

50) 『三國史記』 卷16, 高句麗本紀 4, 故國川王 13年 夏四月.

51) 『三國史記』 卷45, 列傳 6, 溫達.

52) 김기웅, 1982, 『한국의 벽화고분』, 동화출판사.

조각에 그려진 고구려 기마인물상   절풍을 쓴 고구려 젊은 무사(무용총 현실 서벽)

국가는 지방 관아가 담당하는 국영목장의 군마를 전쟁을 생업으로 삼는 1만 명의 무사에게 지급한 것으로 보인다.

고구려는 일찍부터 수도 주변에 왕실목장을 설치하고 내구마를 사육하였다. 즉, 장수왕이 427년(장수왕 15) 수도를 평양으로 옮기기 전까지는 압록강 졸본성 주변의 환인지역과 국내성과 길림성 주변에 여러 개의 왕실목장을 설치했다고 생각된다. 장수왕이 평양으로 천도한 이후에는 평양 주변에 여러 개의 왕실목장을 설치하고, 내구마를 사육했을 것이다.

2) 백제의 마목장

한편 백제의 마필 사육과 마목장 설치에 대해서는 현재 사료가 부족하여 그 대체적인 실상을 파악할 수 없다. 다만 일반 백성들은 목축의 일환으로 말을 사육하였고, 수도 외곽에는 왕실목장을 설치하였으며, 지방에 마목장을 설치하고 국마를 방목했을 것으로 추정할 수 있다.

특히 개로왕이 북위에 올린 표문 가운데 "아울러 자제를 보내어 마구간에서 말을 기르도록 하겠다."[53]는 기록과 사비시대에 내·외 관 22관서를 정비하면서 내관에 마부(馬部)라는 독자적 관서를 설치 한 바, 이는 궁내 마부를 관장하는 관아로써 왕실목장의 실체를 확 인할 수 있다.

3) 신라의 마목장

신라에는 마정에 관한 자료가 비교적 많기 때문에 어느 정도 그 실상에 접근할 수 있는데, 다음의 사료에서 그것을 확인할 수 있다.

> 가) 내물이사금 45년 10월에 왕이 타고 다니는 내구(內廐)의 말이 무릎을 꿇고 눈물을 흘리면서 슬피 울었다.[54]
> 나) 문무왕이 마거(馬阹) 1백 74개를 나누어 주었다. 내구에 22개, 관청에 10개, 김유신 태대각간에게 5개, 각간 7명에게 각각 3개, 이 찬 5명에게 각각 2개, 소판 4명에게 각각 2개, 파진찬에게 6개, 대아 찬 12명에게 각각 1개를 하사하고, 나머지 74개도 적당히 나누어 주 었다.[55]

사료 가)는 5세기 전후 신라 궁중의 내구마가 무릎을 꿇고 슬피

53) 『三國史記』 卷25, 百濟本紀 3, 蓋鹵王 13年.
54) 『三國史記』 卷3, 新羅本紀 3, 奈勿尼師今 45年.
55) 『三國史記』 卷6, 新羅本紀 6, 文武王 9年.

울었다는 내용이고, 사료 나)는 문무왕이 1백 74개 마목장을 왕실과 관청 및 귀족과 관리들에게 각각 분배했음을 말하고 있다. 이들 사료를 통해 볼 때 신라에서는 궁중과 중앙관사 및 진골 귀족들이 각각 마목장을 설치 운영했다고 할 수 있다. 사료 가)의 내구는 후일 내성(內省) 산하 공봉승사(供奉乘師)에 상응하는 것으로서[56], 내물왕 때에 이미 그러한 전신체가 있었음을 보여준다. 따라서 내성 산하의 공봉승사는 대체로 궁중의 마필을 관리하거나, 궁중에 필요한 마필을 충당하기 위해 마목장 관장을 전담했던 것으로 보인다.[57]

신라의 마목장 운영체계는 현재 사료가 부족하여 자세히 알 수 없다. 그러나 대부분의 마목장은 섬에서 방목하는 형태였고, 궁중의 왕실목장은 수도 경주의 외곽이나 경주에 가까운 포항과 울산의 해변에 설치했을 것으로 짐작된다. 그리고 대부분의 국마목장은 남해안의 해안지역이나 섬에 설치한 것으로 보인다. 특히 통일신라의 마목장이 지금의 전라도 남해안 지역에 집중된 바, 그 이유는 이곳이 이전의 백제 마목장이었기 때문이다.

후삼국시대 후백제와 태봉은 각각 마필을 관리하는 체계를 갖추었다. 즉, 후백제가 오나라와 월나라에 마필을 증여한 것이나,[58] 태봉의 관제에 보이는 비룡성(飛龍省)[59]은 그러한 사실을 보여준다. 특히 비룡성은 후일 고려 태복시로 그 업무를 계승하여 고려 마정의

---

56) 박남수, 1996, 『신라수공업사』, 신서원, 94쪽.
57) 南都泳, 1996, 앞의 책, 110쪽.
58) 『三國史記』 卷50, 列傳 10, 甄萱.
59) 『三國史記』 卷40, 雜志 9, 職官下.

전신을 이루었다.[60]

이상에서 삼국시대 서역마의 유입과 사육에 대해 고찰한 결과, 고구려 서역마는 부여와 흉노 등 북방 유목민족으로부터 수입하였고, 백제는 말갈에서, 신라는 동옥저를 통해 수입한 사실을 알 수 있다. 특히 고구려 군마는 경기병의 과하마와 중장기병의 서역마라는 각각의 역할이 부여되었다. 한편 마종 개량이라는 측면에서 본다면, 과하마와 서역마를 교접시켜 체력이 강인한 준마를 생산했을 것이다. 그런데 잡종의 준마는 환경에 잘 적응하고, 사료도 까다롭지 않아 쉽게 사육할 수 있는 장점이 있었다.

---

60) 南都泳, 1996, 앞의 책, 111쪽.

Ⅱ.
고려시대 마필과 마목장의 발달

1. 달단마와 몽고마의 유입

1) 고려 전기의 마목장

태조 왕건이 후삼국을 통일하면서 탐라도가 고려에 예속되자, 당시 산과 들에서 방목하던 제주말은 진상품으로 진가를 드러냈다. 따라서 문종 25년(1071) 말 사육에 관한 목감양마법(牧監養馬法)이 제정되고,[61] 같은 해에 마거(馬阹, 섬에 설치한 목장) 관리를 강화하는 조치가 취해졌다. 이후 문종 27년(1073) 탐라의 명마는 다른 예물과 함께 공마(貢馬)로 국왕에게 진상되었으며, 고종 45년(1258)과 원종 원년(1260)에는 제주도의 공마를 문무관에게 하사하였다.[62]

이와 같이 고려 전기에 이미 탐라도는 공마로 명성을 얻게 되었거니와 이로 말미암아 원나라는 1276년(충렬왕 2) 탐라도목장을 설

---

61) 『高麗史』 卷82, 兵 2, 馬政.
62) 『增補文獻備考』 卷125, 馬政 高麗; 『高麗史』 卷82, 志 36, 兵 2, 馬政.

치하고, 몽고마 1백 60필을 방목하여 섬 전체를 목장으로 만들었
다. 그리고 본토의 섬에도 마목장을 설치함으로써 몽고마가 전국으
로 퍼졌다.[63] 따라서 여기서는 고려시대 마목장에 대해 살펴보려고
한다.

2) 여진의 달단마 수입

10세기 초 거란(907~1125)은 지금의 내몽고 지역에 요나라를 세우
고, 그곳의 백산과 흑수 사이에 있는 넓은 목초지에서 기북마(冀北馬)
를 생산하였다.[64] 그런데 거란이 멸망한 후 몽고의 후신 달단이 등
장하면서 기북마는 달단마로 불렸으며, 달단마는 거란의 영토였던
요동과 두만강 접경지역을 대표하는 말이 되었다. 이후 달단마는
거란이 여진에게 패망하면서 여진을 대표하는 말이 되었다.[65]

고려전기 여진에서 수입한 달단마는 서역마 계통의 호마다. 즉,
달단마는 서역마가 이란고원에서 중앙아시아를 거쳐 거란에 전해졌
다. 다시 말해서 거란이 몽고 지방을 지배하고 나서 중국과 고려를
침입하는 등 맹위를 떨쳤는데, 거란이 패망한 이후 달단[몽고의 후
신][66]이 등장하면서 달단마라고 칭했다.

---

63) 『高麗史節要』卷19, 忠烈王 2年 8月.
64) 謝成俠, 1959, 『中國養馬史』, 北京 科學出版社, 29쪽.
65) 조선이 여진과 국경을 사이에 두었기 때문에 조선에서 수입한 여진의 달단마는
고려전기 달단마와 같은 혈통의 말이다. 그러므로 여진의 달단마는 몽고마와는 다른
서역마 계통으로 분류한다.
66) 『明史』卷327, 列傳 215, 韃靼.

10세기 초 여진은 송화강을 중심으로 서여진과 동여진으로 분화되었다. 서여진을 압록여진이라고 칭한 반면, 여진30성부족(女眞三十姓部族)[67]이 중심세력이었던 동여진은 흑수말갈로 불렸다. 특히 동여진은 옛 부여·발해·예맥의 영토로 명마의 산지였다.[68] 그러나 여진족의 완안부 아골타가 1115년(예종 10) 금제국을 건국하면서 달단마의 고려 유입이 끊겼다.

김위현은 여진의 땅은 부여, 고구려, 발해의 옛 영토로 명마의 산지였다고 보았다. 특히 고구려 과하마와 발해 솔빈마(率濱馬)가 이름이 있었으나, 정작 압록강 유역에는 명마가 생산되지 않았으며, 무순이나 솔빈 등지에서 명마가 생산되었다고 주장한다. 그런데 김위현이 여진의 마필을 명마로 평가하는 기준은 지역적 관계도 고려하지만, 더 중시한 것은 마필을 양마지법(養馬之法)으로 사육했는가의 여부였다.[69]

고려왕조는 북방의 유목민족과 세 번의 큰 전쟁을 수행하였다.

---

67) 여진은 여러 부족이 흩어져 있었다. 따라서 뚜렷한 부족의 연맹체나 세력을 가진 부족이 없었다. 따라서 송나라와 거란 및 고려에 말을 수출하려면 두 가지 요건을 갖추어야 했다. 하나는 항해를 할 수 있는 능력이고, 다른 하나는 무역을 하는 일에 방해를 받지 않을 정도의 세력이다. 그 이유는 말을 운송하는 데는 항해술이 필요하였고, 또한 말의 수집과 판로의 원활한 유통을 위해서는 대내외의 명성도 필요하였다. 이런 사정으로 미루어 볼 때 여진에는 두 개의 큰 세력이 존재한바, 압록강 주변의 鴨綠江女眞과 두만강 주변의 女眞30姓部族이 있었다.

68) 이홍두, 2016, 「호마의 전래와 조선시대 호마목장의 설치」, 『군사』 99, 119쪽.

69) 여진의 양마법은 먼저 건장한 수말을 고른 다음, 어금니 4개가 생기는 2세가 될 때 거세를 한다. 다음으로 이렇게 조련한 말은 성질이 유순하고 체력이 강건하여 병이 없고 두려움을 모르는 준마가 되었다.(김위현, 1985, 『遼金史研究』, 유풍출판사, 159쪽).

즉, 고려 초기는 거란족이 세운 요나라, 중기에는 여진족의 금나라,
후기에는 원나라를 상대로 전쟁을 하였다. 이들 유목민족은 유목생
활의 결과로 얻어진 기동성과 집단성을 중시하였다. 그리고 여기에
말을 타고 활을 쏘는 기사가 더해지면, 통제된 군대로 변신하였다.
이것이 세계 전쟁사에서 유목민이 군사적 우월성을 갖게 된 직접적
요인이다.

여진 기병의 부대편성은 선두에 돌파용 타격무기를 장착한 중장
기병 20기를 배치하고, 후방에는 궁시로 무장한 30기의 경기병을
배치하였으며, 중장기병이 돌진하면 후방의 경기병이 엄호사격을
하였다.[70] 여진의 중장기병과 경기병의 비율은 중형의 달단마와 소
형의 토마에 대한 비율인 2 : 3과 유사하였다.

여진이 고려에 조공한 마필의 종류는 토마(土馬)·마(馬)·준마(駿
馬)·양마(良馬)·명마(名馬)로 구분할 수가 있다. 그런데 토마는 경기
병에 사용하였고, 마·준마·양마·명마는 중장기병으로 이용하였다.
특히 토마가 3척정도로 체구가 작았던 반면에, 달단마는 4척(尺) 1
촌(寸)부터 4척 7촌까지의 중형마였다. 여진이 조공한 말들은 수초
가 풍부한 높고 추운지방에서 생산되었기 때문에 척박한 환경에 강
했다.[71]

---

70) 여진족은 중국 선진시대 문헌에서 肅愼이라고 기록하였으며, 만주 길림성 일대에서
　 농경과 유목생활을 했다. 漢代와 삼국시대는 邑婁, 後魏時代는 勿吉, 隋·唐代에는
　 靺鞨 등으로 종족의 명칭이 변동했다가 거란족의 요나라가 발해를 멸망시킨 이후부
　 터는 여진이라는 이름으로 통용되었다(유재성, 1993, 『한민족전쟁통사』Ⅱ-고려시대
　 편, 국방군사연구소, 163쪽).
71) 『宋史』 卷198, 志第 151, 兵 12, 馬政條, "河東一路水草甚佳, 地勢高寒, 必宜馬性"

여기서 말의 등급은 명마·양마·준마는 달단마로서 1등급이고, 마는 2등급이며, 토마는 3등급으로 분류할 수 있다. 특히 '마'의 등급을 2등급으로 정한 것은 충렬왕 때 원나라에서 들여온 몽고마를 모두 '마'로 표기한『고려사』의 기록에 근거하였다. 그리고 3등급으로 분류된 여진의 토마를 고려가 수입한 것은 토마가 체구는 작지만 산악지형의 전투에서 전투력을 크게 입증한 결과로 보인다.

그런데 여진의 달인(韃人)들은 그들만의 양마지법으로 달단마를 길들였다. 양마지법의 핵심은 두 가지다. 하나는 수초의 양을 인위적으로 조절하는 것이고, 다른 하나는 두 살의 수마를 거세하는 것이다. 다시 말해서 여진의 모든 말은 봄부터 한 달까지 수초를 양껏 먹여 살을 찌웠지만, 이후부터는 우리에 고삐를 메고 풀을 조금씩 먹였다. 수초를 조금씩 억여 소식으로 단련시키면, 원거리 전쟁에 출전하더라도 내성이 길러져 지치지 않았다. 이러한 양마지법으로 길들인 수말을 선택하여 종마를 남기고 거세함으로써 강건한 군마를 얻을 수 있었다.[72]

고려 초기 여진은 수만 필의 달단마를 고려에 조공하였는데,[73]

---

72) 王國維編,『蒙古史料四種中』「黑韃事略箋證」, 499쪽, "韃人養馬之法, 自春初罷兵後, 凡出戰好馬, 並恣其水草, 不令騎動, 直至西風將至, 則取而控之, 縶於帳房左右, 啖以咠少水草, 經月後膘落而實, 騎之數百里, 自然無汗, 故可以耐遠而出戰. 尋常正行路時, 並不許其吃水草, 蓋辛苦中吃水草, 不成膘而生病. 此養馬之良法, 南人反是, 所以馬多病也. 其牡馬留十分壯好者, 作移刺, 馬種外餘者多扇了, 所以無不强壯也".

73) 여진이 고려에 조공한 말의 숫자는 태조 19년(936) 一利川에서 후백제와 교전할 때 黑水 경기병 9,500기, 정종 2년(947) 거란을 방어하기 위해 광군 30만을 선발할 때 수만 필, 정종 3년(948) 동여진의 대광 소무개가 말 700필을 바친 사례가 있다(『高麗史』卷81, 志第 35, 兵 1, 五軍條;『高麗史』卷2, 世家 定宗 3年 9月).

여진의 조공마가 고려에 가장 많이 공급된 시기는 1010년(현종 원년) 거란이 40만을 이끌고 침공한 거란의 2차 침공 때였다.[74] 고려는 행영도통사 강조가 40만 명의 방어군을 편성했는데, 당시 여진으로 부터 수만 필의 말을 수입하였다.

고려는 숙종 9년(1104) 제1차 정주성 전투에서 동여진의 완안부에 게 패배하면서 여진의 조공마 수입이 크게 축소되었고, 예종 10년 (1115년) 아골타가 금제국을 건국하면서 여진의 단달마 조공무역은 단절되었다. 이후 150년간 북방의 달단마가 유입되지 않았으며, 이 로써 고려의 군마는 빠르게 소형화가 진행되었다.

여진부족들이 말을 공납한 회수는 120회 정도였다. 즉, 태조 원년 (918)부터 인종 원년(1123)까지 200여 년간 여진·동여진·서여진·북 여진·동북여진·동서여진·철리국동흑수·흑수말갈·여진말갈 등이 공납한 것을 모두 합한 회수다. 그런데 여진이 공납한 말의 품종을 구분하면, 명마 8회, 양마 14회, 준마 31회, 마 50회, 토마 16회였다.

한편 고려왕조 전 시기의 토마수입 회수가 16회였는데, 현종대 토마수입 회수는 모두 15회로 전체의 93%를 차지한다. 당시 고려가 현종대에 거란에서 토마를 집중적으로 수입한 것은 거란 성종이 고 려 정벌을 천명하자, 동여진이 양마 1만 필을 거란에 바치면서 고려 를 적국으로 간주했기 때문이다.[75] 다시 말해서 동여진이 거란의 견제로 인하여 달단마를 고려에 수출할 수 없게 되자, 고려는 차선 책으로 토마를 수입하여 부족한 군마를 대체하였다.

---

74) 金渭顯, 1985, 『遼金史研究』, 裕豊出版社, 166쪽.
75) 안주섭, 2003, 『고려 거란 전쟁』, 경인문화사, 117쪽.

그런데 고려가 수입한 토마는 달단마와 토마를 교잡한 개량마로 생각되며, 고려의 산악지형에서는 오히려 토마가 유리하였다.[76] 특히 6차 거란전쟁 때 강감찬장군이 귀주 일대에서 퇴각하는 거란군을 궤멸시킬 때 당시 전쟁을 승리로 이끈 요인은 산악지형에서 토마의 역할이 컸다.

3) 원나라 몽고마의 전래

말과 관련된 몽고와의 관계는 세 단계로 구분할 수 있다. 즉, 고종 18년(1232)부터 충렬왕 2년(1276)까지는 몽고가 일방적으로 마필을 약탈하던 시기였고, 충렬왕 원년(1275)부터 동왕 7년(1281)까지는 수탈과 병행해서 마목장을 설치함으로써 수탈에 대비한 시기였으며, 충렬왕 8년(1282) 이후는 정책적 측면에서 마필의 교역이 이루어지던 시기였다.[77]

마필을 수반한 몽고와의 외교는 몽고 1차 침입 때인 고종 18년(1231)에 원나라 장수 철례탑(撒禮塔)이 고려 조정에 다량의 마필을 요구하면서 시작된다. 당시 몽고가 고려에 요구한 마필은 대마 1만 필, 소마 1만 필로써 총 2만 필의 방대한 수량이었다. 이후 고려는

---

76) 현종 즉위년에 발발한 2차 거란전쟁의 기동로는 흥화진-통주-곽주-운전-안북부를 통과하는 북계 서로인데, 이 지역은 지형의 기복이 심한 구릉지대로 말이 기동을 발휘할 수 없었다. 따라서 산악지형의 기마전은 말이 비탈길에서 균형을 유지하는 것이 승패를 좌우하는 상황에서 체구가 작은 토마를 군마로 활용한 전술이 전쟁을 승리로 이끌었다(안주섭, 2003, 『고려 거란 전쟁』, 121쪽).

77) 南都泳, 1996, 『韓國馬政史』, 한국마사회 마사박물관, 142~143쪽.

몽고의 계속적인 침공으로 인해 강화도로 천도하게 되고, 전국 도처의 전답은 몽고의 목마장으로 황폐화되었다.[78] 따라서 고려에서는 사실상 마필을 외교에 이용할 수 없게 되었다.

특히 고려 말 원나라와 명나라 관계에 있어서는 더욱 그러하였다. 즉, 원나라와 관계에서 일어났던 탐라와 철령위 문제, 대명 관계에서 나타난 군마의 강제적 요구는 정치적인 사건이었지만 모두 마필과 관련된 것이다. 다시 말해서 외교적 갈등을 해결하고 국교를 정상화하기 위해서는 계속 마필을 증여하는 수밖에 없었다.

따라서 여기서는 마필을 중심으로 이루어졌던 원나라의 마초와 군마의 수탈 및 탐라에 설치한 몽고식 마목장을 통해 몽고마의 고려 유입 문제를 고찰하고자 한다.

고려는 원종 11년(1270) 개경으로 환도하면서 육지와 섬에 있는 목장을 직접 관리하게 되었다. 그러나 몽고는 마초료(馬草料)와 마필을 계속 요구함으로써 이는 양국 간의 중대한 외교문제가 되었다. 즉, 몽고는 원종 12년(1271) 둔전경략사를 세우고 수만 석의 마료와 군량 등을 공급토록 하였다. 다시 말해서 고려는 당시 몽고에 18,000필의 마필을 보냈고, 1년의 마초 분량은 32만 4천 석(碩)[79]에 달했다.

한편 원종 13년(1272)에는 둔전을 설치하여 마료를 마련하고, 관

---

78) 『高麗史』 卷24, 世家 24, 高宗 45年 8月 庚寅; 『高麗史節要』 卷17, 高宗 45年 8月.
79) 32만 4천 석이라는 숫자가 산출되는 과정은 다음과 같다. 당시 고려에 주둔한 몽고 군사는 대략 6천여 명이었는데, 군사 한 명이 3필의 군마를 소유하였다. 따라서 한 필의 말이 하루에 5升을 먹었기 때문에 1년의 공급량은 32만 4천 석이다(南都泳, 1996, 앞의 책, 144쪽).

인 지배자들에게까지 마료를 부과시켜 3품은 6석, 4품은 5석, 하급 관리들까지도 이를 부담케 하였다. 동왕 14년(1273)에는 제왕(諸王) 제추(諸樞) 4품 이상은 각각 마 1필, 5·6품은 두 명이 합하여 1필의 마필을 납부케 했는데, 결국 민간의 마필을 탈취함으로써 몽고의 수탈과 그로 인한 폐해가 매우 컸다.[80]

이상과 같은 몽고의 일방적인 마필과 마초 수탈관계는 충렬왕 원년(1275)부터 7년(1281)을 기점으로 크게 전환되었다. 즉, 충렬왕 원년부터는 장기적인 목마사업의 추진으로 마초보다 마필을 더 중시하는 외교관계로 변동했는데, 그것은 고려의 마정을 원나라에 크게 예속시키는 결과를 가져왔다.

당시 원나라에서 들여온 말은 두 종류가 있다. 하나는 결제(駃騠)이고, 다른 하나는 도도(騊駼)이다. 결제는 흉노에서 수입한 아리안마, 곧 한혈마이고, 도도는 몽고 토산의 야생마인데, 프르제발스키마를 가축화한 것이다.[81]

남도영은 기원전 3세기 말, 몽고고원의 흉노 묵특이 등장하여 여러 부족을 통합한 시기를 몽고마의 시작으로 보았다. 즉, 묵특 선우(單于: 부족연합의 수장)가 아시아 최초의 강대한 기마유목국가를 세우고, 몽고마를 세계에 전파했다고 하였다. 특히 몽고마는 흉노 이후에도 선비·오환(烏桓)·유연·돌궐·거란·몽고·달단 등의 유목민에 의해 목양되었고, 4세기 말 훈족[Huns]에 의해 유럽에 전파되었으며, 13세기에 이르러 몽고가 대제국을 건설하면서 일찍이 흉노가 전파

---

80) 『高麗史』 卷82, 兵 2, 馬政 元宗 14年.
81) 南都泳, 1996, 앞의 책, 24쪽.

하였던 지역을 넘어서 아시아의 전 지역과 동유럽까지 전해졌다고 짚었다.[82]

그러나 선우 묵특이 타고 중앙아시아를 정복했던 말을 몽고마로 규정한 것은 의문의 여지가 없지 않다. 즉, 흉노와 훈족은 스키타이 계열의 유목국가이며, 또한 몽고마의 개량은 기원전 3세기 말, 선우 묵특이 동호와 서쪽의 월씨국을 정복하기 이전부터 서역의 한혈마를 종마로 하여 몽고마 개량을 시작하였기 때문이다.[83]

한편 13세기 초엽 몽고고원에서는 징기스칸(Chingiz Khan, 成吉思汗: 1206~1227)이 나타나 각 유목민을 통합하고 몽고국을 세웠다. 몽고는 『신원사(新元史)』에서 알 수 있듯이 유목국가[84]로서 유명하며, 몽고고원을 중심으로 하여 동서방을 경략함으로써 세계적인 대제국을 건설했는데, 이 과정에서 몽고마가 유럽과 세계 각국으로 퍼져나갔다. 특히 고려에 전해진 몽고마는 종마로 사용되어 여말선초의 마필 개량에 기여하였다.[85]

몽고마는 서역마보다 체구는 작았지만, 지구력이 강해 어려운 환경을 잘 이겨냈다. 특히 몽고 기병의 절반 이상이 가죽 투구만을 쓴 경기병이었던 반면, 3분의 1은 중장기병이었다. 경기병은 하루에 70km(보병은 20~30km)를 행군했는데, 적의 접근을 피하기 위해 궁시

---

82) 南都泳, 1996, 앞의 책, 26쪽.
83) 몽고말의 조상에 대해서는 두 가지 학설이 있다. 하나는 프르제발스키馬가 조상이라는 견해이고, 다른 하나는 독일의 와그너(Wagner)와 중국의 謝成侠이 몽고마의 조상을 몽고의 야생마로 보는 견해이다. 남도영은 전자의 견해를 따른다.
84) 『新元史』 卷100, 兵志 3, 馬政.
85) 『成宗實錄』 卷28, 成宗 24年 8月 丁卯; 『正祖實錄』 卷37, 正祖 17年 4月 辛巳.

(弓矢)를 주무기로 사용하였다. 또한 기갈과 혹한을 잘 견디고 기마전에 뛰어난 몽고 기병은 말과 일체가 되어 순식간에 기습하고 사라졌기 때문에 그 기동력 앞에 당할 자가 없었다.

『흑달사략(黑韃事略)』에 따르면 몽고에서 백성의 연령 15세 이상인 자는 모두 기병에 편성되었는데, 기병 1명은 말 2~3필 또는 6~7필을 가지며, 50기를 1규(糾)로 하였다. 이들 기병은 원정 또는 전투할 때는 군량을 따로 운반하지 않고, 양과 말만을 끌고 다니며, 식량으로 하는데 말고기를 즐겨먹었다. 보급이 끊어지면 말을 죽여 고기는 먹고 피는 물대신 마시며, 뼈는 화살촉을 만들고, 가죽은 강을 건널 때 부대(浮袋)로 사용하거나 마갑·마구를 수리하는 데에 이용하였다.[86]

2. 고려시대 마목장의 발달

고려시대는 소보다 말 값이 더 비쌌다. 그것은 북방의 기마민족과 끝없는 전쟁에서 마군[87]과 신기군[88] 같은 기병대를 조직하여 국토를 방위하는 수단으로 활용하였고, 한편으로 교통수단과 생산에 필요한 갖가지 용도로 활용되었기 때문이다. 특히 고려는 몽고 및 명나라와 국교를 맺는 후부터 이들 국가는 다량의 마필을 바치도록 강요하였다. 따라서 고려는 마목장 건설을 확대하지 않을 수가 없었다.

---

86) 南都泳, 1996, 앞의 책, 27쪽.
87) 『高麗史』 卷81, 志 35, 兵 1 및 卷2, 太祖 19年 9月.
88) 『高麗史』 卷81, 志 35, 兵 1.

고려시대 목마(牧馬)정책은 세 가지로 요약할 수 있다. 먼저 육지 이외에 해안이나 섬에도 목장을 설치하였고, 다음으로 과학적인 축마요식(畜馬料式)을 제정하여 사료를 청초절(5~9월)과 황초절(10~4월)로 나누어 마종에 따라 그 종류와 수량에 차등을 두었다. 마지막으로 고려 말 원나라가 탐라도에 몽고식 목장을 설치하면서 몽고의 목마 종사자(牧子: 哈剌赤, 다루가치)와 몽고마를 전래하여 마종 개량과 호마 생산에 획기적 발전을 이루었다. 또한 각 목장에는 말의 무병장수와 마필 번식을 제사하는 마조단을 설치·운영하였다.[89]

고려는 건국 직후에 병부를 설치하여 우역(郵驛: 驛馬) 등 마정에 관한 사무를 관장토록 하였다. 그리고 성종 연간에는 병부 이외에 전목사, 상승국, 공역서 등의 관아를 새로 설치하고,[90] 비룡성(飛龍省: 乘府)을 대복시(大僕寺)로 개칭하여 중앙 마정조직의 기초를 확립하였다.

고려전기 마정 개혁은 목종 연간의 제2차 개혁에서 내구를 담당한 상승국의 직제를 정하고, 문종 연간의 제3차 개혁에서는 각 관아의 관장 사항 및 관직 정원수가 정해짐으로써 중앙의 마정 조직의 체제를 갖추었다. 그리고 몽고 침입 이후, 충선왕 때의 개혁에서는 세 개 실무기관이었던 전목사, 상승국, 제감목(諸監牧)이 사복시(司僕寺)로 단일화되고, 이어서 상승국이 여기서 독립되었다. 따라서 사복시가 전국의 목장을, 상승국은 내구마(궁중의 마필)를 각각 관장하였다.

---

89) 『高麗史』 卷63, 禮志 35, 志 17.

90) 대복시에서는 輿馬와 廐牧에 관한 것을, 상승국에서는 內廐에 관한 것을 각각 관장하였으며, 새로 설치한 공역서에서는 종래 병부에서 담당하던 전국의 역참에 대한 사무를 관장하였다(南都泳 1996, 앞의 책, 124~125쪽).

고려시대 제주말
고려의 제주말은 토마와 몽고마의 잡종으로 머리와 체구는 아랍의
서역마보다 작으며 뒷다리가 약간 짧다. 또한 체력과 순발력도 떨어진다.
그러나 힘이 세고 인내력과 지구력이 뛰어났다.

한편 지방의 마정 조직은 전국 각지의 내륙과 섬에 설치한 목장을
단위로 하여 이루어졌다. 즉, 각 목장에는 목감(牧監)과 노자(奴子: 후
에 牧子)[91]를 배치해서 직접 마필을 관장케 하고, 장교와 군인을 배치
해서 목장을 경비토록 하였다.[92]

그런데 고려의 마목장 운영은 원나라 간섭기에 와서 독자성이 크
게 회손되었다. 즉, 원나라는 고려에서 마필을 얻기 위해 원종 14년
(1273)부터 목장운영을 간섭하였고, 충렬왕 원년(1275)에는 각 섬에

---

91) 南都泳, 1965, 「朝鮮牧子考」, 『東國史學』 8.
92) 목감의 연봉액수는 8石 10斗를 받았는데, 이러한 목감의 지위는 權務職으로서 최하
    층의 관직이었다. 그리고 노자는 4필의 마필을 목양하여 새끼 말을 출산토록 하는
    것을 책임으로 하였으며 그밖에 각종 국가적 책무가 부과되어 상당히 고역이었다(南
    都泳, 1963, 「朝鮮時代 지방 馬政組織에 대한 小考」, 『史學研究』 18).

있는 목장의 우마에 대한 검열을 강화하였으며[93], 특히 동왕 2년
(1276)에는 탐라도에 목장을 설치하고 원나라의 마필 사육 전문가인
목호(牧胡)를 파견하여 목장 운영을 장악하였다.[94]

따라서 지방의 마목장은 원나라에 예속되어 군마를 원나라에 보
내기 위한 수탈기관으로 바뀌었다. 그런데 이와 같은 관계는 충렬왕
20년 원나라가 탐라도를 고려에 반환하였으나, 마필 문제로 재차
공민왕대까지 탐라도를 관장하였기 때문에 지방 목장 조직에까지
큰 영향을 끼쳤다. 즉, 종래 마목장에 종사하던 노자(奴子)를 원나라
목호의 호칭을 따서 목자(牧子)로 호칭하였고, 목자의 신분은 차츰
양인으로 바뀌어 조선시대에는 '신양역천(身良役賤)'의 계층을 이루
었다.

한편 고려시대 마목장은 『고려사』 권82, 병지2, 마정조에 10개가
확인된다. 이를 정리하면 다음 표와 같다.

『高麗史』兵志 2에 나오는 10개 목장

구분	목장명	소재지	현재의 시와 군
①	용양(龍驤)	황주(黃州)	황주군(黃州郡)
②	농서(隴西)	동주(洞州)	서흥군(瑞興郡)
③	은천(銀川)	배주(白州)	연백군(延白郡)
④	양란(羊欄)	개성(開城)	개성시(開城市)
⑤	좌목(左牧)	정주(貞州)	개풍군(開豊郡)
⑥	회인(懷仁)	청주(淸州)	청주시(淸州市)

---

93) 『高麗史』卷82, 志 36, 兵 2.
94) 南都泳, 1963, 앞의 책, 146쪽.

⑦	상자원(常慈院)	견주(見州)	양주시(楊州市)
⑧	엽호현(葉戶峴)	광주(廣州)	광주시(廣州市)
⑨	강음(江陰)	강음(江陰)	김천시(金川市)
⑩	동주(東州)	철원(鐵原)	철원군(鐵原郡)

위의 도표에 나타난 마목장의 특성은 세 가지다. 먼저 이들 10개의 마목장은 모두 내륙[육지]에만 있고, 다음으로 이들 마목장은 개경을 중심으로 하여 경기·황해·충청·강원에만 설치되었으며, 마지막으로 마목장의 수가 10개로 한정되었다.

사실 고려에는 육지 이외의 각 섬에도 수많은 마목장이 있었다. 즉, 영도목장,[95] 저산도목장,[96] 고려 말에 설치된 경기도 임진군의 호곶목장 등이 사료에서 확인된다. 이밖에도 전국 각지[내륙·해도]에 수많은 마목장이 있었다.

그렇다면 『고려사』에서 확인되는 10개의 마목장을 어떻게 해석해야 할까. 그것은 고려 태조 왕건이 태봉에서 일어나 아직 통일하기 전, 즉 태봉의 영역이 경기·강원·황해·충청 일부에 미치고 있었을 때 존재하였던 목장 이름만을 소개한 것으로 보아야 할 것이다. 아무튼 고려시대에는 160개에 달하는 목장이 있었다.[97]

그런데 위의 10개 목장 중 좌목[정주]목장과 양란[개성]목장 및 강음목장은 수도와 근접해 있었던 것이 주목된다. 특히 이들 3개 목장에는 장교와 군인을 배치한 것으로 볼 때 왕실목장으로 추정할 수가

---

95) 『高麗史』 卷1, 世家 1, 太祖 6年 8月.
96) 『高麗史節要』 卷1, 太祖 15年 9月.
97) 南都泳, 1996, 앞의 책, 132쪽.

있다.

한편 현종 16년(1025)에는 말 기르는 방법에 대한 획기적인 조처가 있었다. 즉, 각 목장의 목감 밑에서 종사하던 노자(奴子, 牧子)들의 직책 한계를 명시하고, 말 기르는 방법을 규정하였다. 다시 말해서 목자들로 하여금 청초절에 대마 4필을 사육하여 새끼 얻는 것을 그 직책으로 삼았다.

그리고 사육방법에서 마료는 계절에 따라 종류와 양에 차이를 두었다. 즉, 동절기인 황초절[10·11·12·1·2·3·4월]에는 하루 1필의 말에게 말두(末豆, 부스러기 콩) 3승(升), 실두(實豆) 3승(升)을 주고, 춘하추기인 청초절[5·6·7·8·9월]에는 말두(末豆) 3승(升)을 먹이도록 하였다.[98]

그러면 몽고 간섭기에 제주도목장 설치는 어떻게 이루어졌을까. 원종 14년(1273)부터 시작된 원나라 간섭은 충렬왕 원년(1275)에 경상·전라의 여러 섬에 관리를 파견하여 조사케 하더니, 동왕 2년에는 탐라도에 몽고식 마목장(원나라 태복시 직속 14개 목장 중의 하나)을 설치하였다. 그리고 몽고인의 목호와 몽고마를 들여와서 적극적으로 목양하기 시작하였다.[99] 이후부터 탐나는 후세까지 유명한 마필 생산지가 되어 대원·대명외교에서 매우 중요한 지위를 차지하게 되었다. 그동안 우리나라에서 이름난 명마의 이름이 모두 몽고에서 유래된 것도 이와 무관하지 않다.[100]

---

98) 『高麗史』 卷82, 志 36, 兵 2, 馬政.

99) 『高麗史節要』 卷19, 忠烈王 2年 8月.

100) 小倉進平, 1923, 『南部朝鮮の方言研究』, 170~172쪽.

이밖에 원나라의 마목장 설치 사업은 전국 각지에 걸쳐 실시되었다. 충렬왕 3년 (1277)에는 촉호사 18명이 몽고마 30필을 들여왔으며,[101] 충렬왕 14년(1288)에는 마축자장별감(馬畜孳長別監)을 두

몽고마

어 각 섬의 목장을 관리함으로써 그들의 장기적인 목마사업 계획을 대체로 완비하였다.[102] 결과적으로 원나라는 고려에 몽고식 마목장을 설치하고 몽고마를 들여왔지만, 방대한 마초와 마필을 수탈해 갔으며, 고려의 관민들은 그 조달에 고생하여 비참한 삶을 이어갔다.

---

101) 『高麗史』 卷29, 忠烈王 5年 10月 己亥.
102) 『高麗史』 卷82, 志 36 兵 2 馬政.

III.
조선시대 마목장의 조직과 운영

1. 중앙과 지방의 마목장 조직

주력군이 기병이었던 조선시대 마목장의 존재는 기마전, 통신, 교역 등과 연결되어 한국중세사에서 매우 특징적인 분야이다. 그에 대한 해명은 한국 중세사회의 특질을 밝히는 관건이라 할 수 있다. 따라서 지금까지 남도영, 이홍두 등의 연구자에 의해 상당한 연구 성과가 이루어졌다.[103)]

그동안 일본과 중국 등 외국 학계는 호마의 마종과 마산(馬産)에 대한 연구가 활발하여 연구서를 발간하고 있지만, 한국 학계는 서역마의 유입과 전래 문제를 명확히 밝히지 못하고 있는 실정이다. 따라서 달단마와 조선의 준마였던 팔준마(八駿馬)의 연관관계를 해명할 수가 없었다. 여기서는 먼저 조선시대 중앙과 지방의 마목장 조

---

103) 마목장에 대한 연구는 남도영이 『한국마정사』 제6편 2장에서 「강화도 목장」을 다루었으며, 제주도목장에 대해서는 『제주도 목장사』를 발간하였다. 특히 후자의 연구서는 더 이상 추가할 것이 없을 정도로 완성도가 높다. 한편 이홍두는 제주도 목장을 제외한 본토의 해안과 섬 목장 연구에 주력하고 있다.

직에 대해 살펴보고, 다음으로 마목장의 발달과 실태에 대해 고찰하
려고 한다.

조선은 건국 초기부터 명나라의 군마 요구와 북방의 여진 정벌로
인해 마필 수요를 확대할 필요가 있었다. 이에 태종과 세종 및 세조
는 "나라의 중요한 것은 군사요, 군사의 소중한 것은 말"[104]이라는
마필의 중요성을 강조하면서 적극적으로 마목장을 설치하였다.

따라서 마종 개량과 마필 생산에 진력한 결과 태조 원년(1392)부
터 문종 원년(1451)까지 명나라에 7만 필을 보낼 수 있었다.[105] 이후
마목장 설치를 증대하여 성종 때는 마필 숫자가 4만 필에 이르고,
마목장도 180여 개를 확보하였다.

임진왜란 이후 마목장의 폐지가 증가하여 효종과 숙종 때 일시적
으로 복설되었지만, 목장과 마필 수는 절반 이상으로 감소했다. 즉,
현종 4년(1663)의 마필 숫자는 약 2만 필, 고종 7년(1870)에는 4,646
필로 줄었다. 사복시 등이 종마수입과 목자보호 및 목장 재건시책을
추진하였지만, 마종·마산의 성과나 국영목장 마필의 소형화를 막는
데, 아무런 도움을 주지 못했다.[106]

조선시대 마목장의 관직체계는 의정부 밑에 주무 관아인 병조를
두고 그 밑에 사복시를 속아문으로 소속시켜 실무를 담당케 하였다.
그리고 특수 소관을 위해 내사복시와 겸사복[107]을 두었다. 여기서

---

104) 『太宗實錄』 卷18, 太宗 9年 11月 壬午.

105) 南都泳, 1976, 『朝鮮馬政史硏究』, 아세아문화사.

106) 南都泳, 1996, 앞의 책, 216쪽.

107) 겸사복은 태종이 내사복시 소속의 사복을 내금위 등과 같이 시위에 복무케 하면서
시작되었다. 따라서 태종 9년부터는 사복시에 종래의 사복과는 무재를 겸비하고 시

내사복시가 왕실목장을 담당하였고, 사복시는 지방의 목장을 관장하였으며, 겸사복은 내구마의 조련과 왕실목장 경계를 담당하였다.[108]

다시 말해서 내사복시는 궁중의 말 사육[內廐]과 임금의 어승마 관리, 국왕의 시위와 입직을 맡았으며, 내승(內乘) 밑에 사복 40여 명과 서리 5명을 배치하였다.[109] 반면에 사복시는 병조에 소속된 정3품 아문으로 말 사육과 지방의 목장, 왕의 가마 등 실무를 집행하였다.

지방의 마목장은 각 도의 관찰사 밑에 감목관을 두었는데, 감목관은 수령으로 겸임케 하여 각 목장의 군두(群頭)·군부(群副)·목자를 지휘토록 하였다. 태종 7년(1407)에는 지방의 마목장을 정비하기 위한 1차 개혁을 단행하였다. 즉, 전국 각 고을의 수초가 좋은 곳에 마목장 설치를 적극 추진하고 목자는 생산에 종사하되, 수령이 그 책임을 맡게 하였다. 다시 말해서 관찰사가 수령을 평가할 때 종마를 번식시킨 수의 다소로 출척을 결정케 함으로써 관찰사→수령→목장→목자로 이어지는 조직을 갖추게 되었다.[110]

그런데 이와 같은 체제에서 실무에 어두운 수령들의 무능으로 인하여 말 생산에 손실이 발생하자, 태종은 동왕 8년(1408)에 2차 개혁을 단행하였다. 종래 제주도의 애마자장관제령(愛馬孶長官提領)을 감

위를 주임무로 하는 사복을 늘려 임명하였다. 또한 세조는 동왕 10년(1464) 겸사복을 정식 관직으로 삼고, 겸사복 50명을 배속시켜 내금위 같은 親兵衙門을 만들었다. 그 뒤 겸사복은 『경국대전』에서 정2품 아문으로 되고, 후에는 兼司僕廳으로도 불렸다(『續大典』 卷1, 吏典 京衙門條).

108) 이홍두, 2017,「조선초기 內廐의 운영과 留養馬 변동」,『서울과 역사』 96.

109)『增補文獻備考』 卷226, 職官考 13, 武職 內司僕寺.

110)『太宗實錄』 卷14, 太宗 7年 10月 甲辰.

목관으로 고쳐 배치함으로써 마필 생산을 크게 향상시켰다.[111]

따라서 감목관은 세종 4년(1422)에 전국적으로 실시되었다.[112] 즉, 각 고을의 수령을 감목관으로 겸임케 하고, 각 목장에 관리와 목자를 배치하여 암말 10필에 새끼 7~8필을 번식시키면 상등, 5~6 필을 번식하면 중등, 3~4필이면 하등으로 정해 매년 연말에 그 번식의 다소에 따라 포상과 퇴출을 결정토록 하였다.[113]

마목장 정비를 위한 3차 개혁은 세종 7년(1425) 병조가 주장하여 단행했는데, 마필 생산의 다소에 따라 상벌이 주어졌다.[114] 이로써 감목관→목장의 군두·군부→목자로 이어지는 지휘체계를 확립하였다. 한편 4차 개혁은 세종 10년(1428)에 단행되었다. 이때 역(役)이 없는 백성을 목자로 충당하여 목마군을 편성하고, 마목장을 관장토록 하였다.[115]

이와 같은 체제를 바탕으로『경국대전』에서는 더 정비된 마목장 조직을 갖추게 되었다.『경국대전』병전 구목조에 의하면 각 도의 목장을 암말 100필과 수말 15필로써 1군(群)을 삼고, 1군마다 군두 1명, 군부 2명, 목자 4명을 배치하여 돌보게 하였다. 그리고 종6품의

---

111)『太宗實錄』卷15, 太宗 8年 1月 壬子.

112)『世宗實錄』卷18, 世宗 4年 閏12月 癸酉.

113) 南都泳, 1996, 앞의 책, 220쪽.

114) 각 도의 목장을 암말 100필 단위로 1群으로 편성하면서 群頭 1명씩을 배치하고, 매 50필마다 각각 群副 1명을, 매 25필마다 목자 1명을 소속시켰다. 그리고 이를 관할하기 위하여 말 번식에 능숙한 6품 이상의 감목관을 파견하여 매 1群마다 1년에 80필 이상 번식시킨 것을 상등, 60필 이상을 중등, 60필 미만을 하등으로 평가하여 출척하되, 30개월 안에 3등이 세 번이면 승진하고, 상등이 한번이면 현상유지를 하며, 하등은 논죄하여 파면시켰다(南都泳, 1996, 앞의 책, 220~221쪽).

115)『世宗實錄』卷40, 世宗 10年 4月 己未.

감목관을 수령으로 겸임시켜, 매년 85필 이상을 번식시키면 그 군두
는 품계를 승급하고, 뛰어난 실적을 올리면 관직을 수여하였다.[116]

마목장 운영에 있어서 실무행정을 담당한 감목관과 생산에 종사
한 목자의 직책 수행 여부가 마목장의 성패를 좌우하였다. 감목관은
태종 8년(1408) 제주도에 처음 배치하였고, 세종 7년(1425)에는 병조
의 건의로 말 번식에 숙달된 6품 이상인 자로 감목관을 임명함으로
써 전임감목관의 지위를 굳혔다.[117] 그러나 감목관의 배치로 인해
공대비용이 늘자, 세종은 동왕 8년(1426) 목장 부근의 역승(驛丞)과
염장관(鹽場官)으로 감목관을 겸임시켰다.[118] 따라서 전임감목관과
겸임감목관을 함께 배치한 셈이다.

그런데 이후 겸임감목관의 숫자를 더 증원할 수밖에 없었다. 왜냐
하면 전임감목관이 그 실무를 집행함에 있어서, 먼저 대부분의 마목
장은 멀리는 100리, 가까이는 50~60리 밖에 있으므로 자주 왕래하
여 살필 수 없었다. 다음으로 순찰에 따른 경비부담이 컸으며, 마지
막으로 수령들의 행정지원 없이는 소임을 수행할 수가 없었다.

따라서 세종 18년(1436) 강화부사가 감목관을 겸하고, 세종 17년
(1435)부터는 만호·천호로 감목관을 겸하게 했는데, 이들은 무관으
로써 배타기를 잘하고 마목장 운영에 밝아 섬에 있는 마목장을 잘
관장할 수 있었기 때문이다.[119] 결국 세종 27년(1445)에는 전라·경

---

116) 『經國大典』 卷4, 兵典 廐牧·外官職.

117) 『世宗實錄』 卷18, 世宗 4年 12月 癸酉.

118) 『世宗實錄』 卷32, 世宗 8年 4月 甲申.

119) 『世宗實錄』 卷59, 世宗 15年 2月 己亥.

기도에 배치한 전임감목관을 다른 도의 예에 따라 폐지함으로써 겸
임감목관제도가 정착되어갔다.[120)

　국영목장에 소속되어 말과 소의 생산을 담당하는 목자의 신분은
양인이었다. 그러나 역(役)이 천하여 사회적으로 신양역천이란 특수
계층에 속했다. 그들은 16세에서 60세까지 우마 생산에 종사하는
의무가 있었고, 국가는 그 대가로 목자위전 2결(結)[121)과 복호의 혜
택을 주었다.[122) 또한 근무성적에 따라 포상하거나 군두·군부·백호
·천호 및 경관직으로까지 승진할 수 있었다.

　그러나 이는 법제상의 규정일 뿐이고, 실제로는 그 몇 배나 되는
고역이었으며, 종신토록 그 직을 면할 수가 없었다. 또한 그 신분이
자손에게 세습되었으며, 거주이전과 타직으로의 전직이 허용되지
않았다. 한편으로 사료와 토산물을 바칠 뿐만 아니라 목마군으로
복무해야 했다. 따라서 그들은 빈한한 생활을 면할 수가 없었는데,
특히 상급자인 감사, 감목관, 사복시 관원 및 점마별감 등이 매년
두세 차례 순찰을 빙자하여 수탈을 자행하였다.

　목자의 의무는 최초의 경우 10필의 마필을 사육하면 되었다. 그
러나 세종 7년(1425)에는 25필로 증가했는데, 매년 새끼 말 20필 이
상을 생산하면 상등, 15필 이상이면 중등, 5필 미만이면 하등으로
평가하였다. 목자의 직책은『경국대전』에서 더욱 강화되어 목자 4
명이 암말 100필과 수말 15필로서 매년 새끼 말 85필 이상을 생산토

---

120)『世宗實錄』卷107, 世宗 27年 1月 乙未.
121)『續大典』卷2, 戶典 諸田.
122)『續大典』卷2, 戶典 徭賦.

록 하였다.[123) 이와 같은 직무규정은『대전후속록』·『속대전』·『대전통편』에도 동일하게 나타나고 있어 조선 후기까지 적용된 것으로 보인다.[124)

2. 마목장의 발달과 실태

조선시대 마목장은 고려시대 이래의 마목장을 재건하는 한편으로 수초가 좋은 곳에 새로 마목장을 설치함으로써 국영목장이 발달하였다. 전국의 마목장 수는『세종실록』지리지에 59개(이하 폐목장 포함),『동국여지승람』산천조에 87개,『반계수록』에 123개,『대동여지도』에 114개,『목장지도』에 138개,『증보문헌비고』에 172개가 전한다. 또한『목장지도』에 의하면 각 도별 마목장 수는 경기도 30개, 전라도 49개, 황해도 10개, 평안도 4개, 함경도 7개, 제주도에 5개가 있었다.

그리고 왕실목장을 양주부 전곶(箭串: 현 성동구와 광진구 중랑구 일대의 뚝섬)에 설치하여 어승마의 간택, 강무·수렵 등을 행하여 왕실 호위 임무도 수행하는 한편으로 마조(馬祖)·선목(先牧)·마사(馬社)·마보단(馬步壇)을 두어 제사지냈다.[125)

조선시대 마목장은 내륙의 일부를 제외하면, 대부분 섬이나 바닷가의 뾰족하게 내민 땅인 곳(串)에 설치하였다. 그 분포는 전라도가

---

123)『經國大典』卷4, 兵典 廐牧.

124) 南都泳, 1996, 앞의 책, 227쪽.

125)『經國大典』卷4, 禮典 祭禮.

43%로 가장 많고, 경기도·경상도 순서인데, 이 3도에 72% 이상을 설치하였다. 그리고 섬으로는 제주도가 5개소(뒤에 13개소, 63字목장)로 제일 많고, 강화도가 그 다음이며, 강원도에는 한 개도 없었다.

한편 임진왜란 이후 마목장은 폐지 또는 축소되었다. 즉, 임진왜란 중 하삼도 목장 절반 이상이 적의 수중에 들어가 선조 27년에 40여 개가 폐지되었다. 그리고 군마를 보급한 마목장은 제주도목장을 포함해 강화도의 진강(鎭江)·신도(信島)·거을도(居乙島)·미법도(彌法島)·장봉도(長峯島)·북일도(北一島)·매음도(煤音島)·주문도(注文島)목장, 황해도의 초도(椒島)·백령도(白翎島)·순위도(巡威島)·등산도(登山島)·기린도(麒麟島)·창린도(昌麟島)·석도(席島)·용매도(龍媒島)·연평도(延坪島)와 낙안의 신미도(身彌島), 함경도의 두언태(豆彦台)·도련포(都連浦)·사눌도(四訥島)·말응도(末應島)·마랑이도(馬郎耳島). 평안도의 가도(椵島) 등 25개뿐이었다. 전란 중 우수한 군마를 보급한 곳으로 진강목장과 가도목장이 유명하였다.[126]

인조 19년(1641)에는 119개의 마목장 중 말이 있는 곳이 41개, 폐지된 곳이 73개였으며, 현종 때는 다소 정비되어 138개 중 폐지 또는 둔전·민전으로 바뀐 곳이 62개나 되었다. 이러한 일련의 상황에 대하여 실학자들이 개혁을 주장하였으나, 뜻을 이루지 못하고 일제강점기로 넘어가 목장전이 몰수됨으로써 조선시대의 마목장은 전폐되었다. 또한 조선시대의 목장 분포 상황을 『증보문헌비고』에서 보면, 말이 있는 목장이 114개, 폐지된 목장이 55개, 불명인 것이 3개 등 모두 172개가 전하고 있다.[127]

---

126) 『宣祖實錄』卷98, 宣祖 31年 3月 己酉.

조선시대 전국 목장의 위치와 규모 및 실태(목자, 우마 숫자)를 국초부터 파악할 수 있는 것이 『세종실록』 지리지이다. 조선시대 명마 생산지로 이름난 곳은 산이 깊고 풀이 무성하며 샘물이 좋았다. 함경도와 평안도의 여러 목장이 이에 해당한다. 그리고 경기도의 진강목장[강화]·매음도목장[강화], 경상도의 절영도목장[동래]·배곶목장[장기] 등이 있다. 그중에서도 북쪽의 도련포, 남쪽의 제주도목장은 우리나라의 기북(冀北: 중국 준마 명산지)이라 불릴 정도로 유명하였으며, 제주도목장은 원·명·청나라까지 알려졌다.[128]

도련포 목장은 옛 옥저 때부터 신마가 난다는 명산지로서, 이성계가 그 준마를 타고 조선을 건국하여 유명하였다. 그러나 이 목장은 넓은 들 가운데 있어 해마다 고을 백성을 동원하여 모래를 쌓고 목책을 세워도 홍수 때마다 떠내려가 숙종 35년(1709) 사복시에서 그 대비책을 건의하였으나 영조 이후 점차 부진해져 갔다.[129]

제주도목장은 고려 충렬왕 2년(1276)에 원나라가 몽고식 목장을 설치한 데서 비롯한 것으로 섬 전체를 목장으로 만들어 13개의 목장이 있었다. 현종 4년(1663)의 통계에 의하면, 제주도 목자의 수는 1,386명[제주목 754명, 정의현 365명, 대정현 126명, 별목장 141명]으로 전국 목자수[5178명]의 약 4분의 1이었고, 마필은 전국의 반이 넘는 12,411필에 달했다.

반면에 현종 4년의 목자의 숫자는 1,386명으로 전국 목자수(5,178)

---

127) 南都泳, 1996, 앞의 책, 230~231쪽.
128) 『宣祖實錄』 卷98, 宣祖 31年 3月 己酉.
129) 『增補文獻備考』 卷125, 兵考 17.

의 4분의 1이었다. 제주도 목자가 육지의 목자보다 더 많은 마필을 사육한 셈이다. 아무튼 조선시대 제주도목장을 포함한 전국의 마필 숫자는 조선 전기 성종 때 약 4만 필을 최고로 하여 연산군 8년(1502)에 3만 필, 중종 17년(1522)에 2만 필로 감소하였다.[130]

따라서 제주도의 마정기구는 다른 곳과 다르게 제주목도안무사 지감사(濟州牧都安撫使知監事)[목사 겸임, 정3품] → 감목관[제주목 판관 겸임, 대정·정의현 현감 겸임] → 군두 → 군부 → 목자의 체계로 운영되 었다. 제주도의 말은 국내만이 아니라 중국 수출품으로서도 유명하 였다.[131]

원래 한국 고유의 말은 고구려·예 등에서 생산된 과하마였다. 이 말은 키가 3척(尺)에 불과하여 타고서 과일나무 아래를 지날 수 있어 서 붙여진 이름이며, 산을 오르는데 편리했다고 한다.[132] 그러나 삼 국과 고려시대를 거치는 동안 점차 서역마와 몽고마가 전래되어 다 양한 말을 생산하게 되었다. 특히 조선 초기 태종과 세종 및 세조는 달단마와 몽고마를 종마로 써서 준마를 적극 양산하였다.

그러면 조선시대 국가와 위정자들은 마필 번식의 효율성을 높이 기 위해 어떠한 정책을 실시했을까.

첫째, 말의 생산에 종사하는 목자·군부(群副)·군두(群頭)의 생활 보장책으로 토지[목자위전 2결(結)]과 복호의 혜택을 주고, 근무성적 에 따라 포상을 하였다.

---

130) 『中宗實錄』 卷44, 中宗 17年 2月 丁亥.
131) 南都泳, 1996, 앞의 책, 238쪽.
132) 『後漢書』 卷85, 東夷 濊 ; 『三國志』 卷38, 東夷 高句麗.

둘째, 종마로 사용하는 우량종을 확보하여 종자개량을 하였다.

셋째, 국초부터 마의학(馬醫學, 獸醫學) 서적을 간행하여 의술을 보급하고, 마의와 리마(理馬) 등을 두어 말의 병 치료와 예방에 힘썼다.

넷째, 마조단·선목단·마사단·마보단에 제사하여 말의 무병과 번식을 빌었다. 이와 같은 마신제는 마의술이 발달하지 못한 당시 사회에서 점성술로서 재앙과 마역(馬疫)을 물리치려는 것으로 중시되었다. 여기서 마조단은 말의 조상인 천사(天駟), 즉, 방성(房星)을 제사하던 곳으로 방성은 용마(龍馬: 말의 수호신)이다. 선목단은 말을 처음 기른 사람인 선목(先牧: 養馬神)에게, 마사단은 말을 처음 탄 사람인 마사(馬社: 乘馬神)에게, 마보단은 말을 해롭게 하는 해마신(害馬神)에게 제사지냈다.[133]

따라서 사복시는 한양 동쪽의 전곶(箭串, 뚝섬)목장 안에 네 단을 쌓고 마신제를 지냈는데, 그 위치는 『세종실록』 권148, 지리지 경도(京都) 한성부 흥인문(동대문) 밖 사근사리(沙斤寺里)다. 지금의 사근동 한양대 구릉에 해당한다.[134]

---

133) 『春官通考』 卷43, 吉禮; 『增補文獻備考』 卷63, 禮考 10.

134) 이홍두 2016, 「조선전기 畿甸의 馬牧場 설치」, 『서울과 역사』 93, 15쪽.

IV.
조선시대 우목장의 설치와 운영

1. 우목장의 설치와 그 실태

조선의 통치자들은 국초부터 민생을 후히 하는 중농후민 정책에 따라 소를 중시하였다. 즉, 소를 목축하는 것은 국운을 좌우할 정도로 큰 위치를 차지하였기 때문에 우목장을 설치하고, 그 관리를 위해 우적과 화인(火印)을 하도록 하였다. 따라서 소의 무분별한 도살을 금지하는 엄격한 법을 제정하여 소를 보호하는 데에 힘썼다.[135]

우목장은 소만을 전문적으로 사육하는 목장과 말목장에 붙여 사육하는 두 가지가 있다. 『목장지도』에는 전자가 2개(국초에는 4개), 후자는 10개뿐이었으며, 그 운영은 마정체제(병조→ 사복시→ 감목관→ 목자)를 따랐다. 그리고 소의 이용가치는 두 가지가 있는데, 하나는 땅을 깊게 가는 것이고, 다른 하나는 인력의 절감이다. 여기서는 우목장의 설치와 우목장의 실태 문제를 중심으로 살펴보고자 한다.

우목장의 유래는 정확히 알 수가 없다. 그러나 소가 말보다 먼저

---

135) 남도영, 1996, 『한국마정사』, 한국마사회 마사박물관, 454쪽.

가축화되어 삼국시대는 소를 이용한 농사가 널리 보급되었고, 고려
시대는 우목장을 설치하여 소를 사육했다는 기록이 전한다.[136] 조선
을 건국한 직후에는 고려 말의 우목장에서 소를 목축하였다. 그러나
태종대 이후 명나라의 거듭된 소 교역 요구로 수요가 증대하자, 세
종 13년(1431) 3월에 우목장을 세우자는 논의가 진행되었다.

당시 병조가 "유수·대도호부·목 등의 고을에는 암소 6두와 황소
3두를, 도호부와 지군사 등의 고을에는 암소 4두와 황소 2두를, 현령
·현감 등의 고을에는 암소 2두와 황소 1두를 배정하여 국고의 사료
와 콩으로 길러 번식케 하고, 회계에 실려 사복시로 하여금 이를
관장케 할 것을" 건의하였다. 이에 여러 관원들은 "관이나 민에서
번식하는 데는 다를 것이 없다. 그런데 각 고을에서 기르게 되면,
백성들이 반드시 그 폐해를 받기 때문에 각도에서는 목장을 설치할
만한 곳을 물색해 놓고 소를 교역해 방목하여 국가 수용에 충당하거
나, 민간과의 교환도 허용하자고" 주장하였다.

세종은 병조와 사복시 제조에게 "목장을 설치할 만한 장소를 의
논해 찾으라."고 하면서, 지난 정미년에 혁파한 목장을 조사하여 올
리라고 하였다. 병조와 사복시 제조가 당시 폐지된 14곳의 우목장을
다음 표와 같이 보고하였다. 여기서 정미년은 고려 후기 공민왕 16

---

136) 의종 13년(1159)에는 典牧司가 소에게 꼴을 주는 시기를 정하여 靑草節(5, 6, 7,
8, 9월), 黃草節(1, 2, 3, 4, 10, 11, 12월)에 따라 役牛(농경, 일소), 犢牛(송아지),
大牛(큰 소) 별로 소먹이를 주었다는 기록이 전한다. 그 후 충렬왕 3년(1277) 원나라
에서 몽고소가 전래되어 소의 생산에 큰 발전을 보게 되었다. 특히 제주도에는 몽고
식의 우목장을 설치하여 재래소와 몽고소를 목축하였으며, 黑牛(검정소), 黃牛(누렁
소), 斑牛(얼룩소) 등을 길렀는데, 뿔이 매우 아름다워 술잔을 만드는 재료로 사용하
였다. 그리고 민간에서도 집집마다 수백 마리의 소를 길렀다.

년(1367)을 지칭한다.

이와 같은 폐목장의 복설 시책으로 수원도호부 양성현의 괴태길곳, 강화도호부 장봉도[137], 영암군 임치도[138], 옹진군 대청도[139]에 우목장을 설치하였고, 제주도에서는 고려시대 이래의 우목장을 계속 사용하였다.

이후 명나라의 소와 말에 대한 요구가 줄어들고 백성들의 경작지가 확대되어감에 따라 우목장의 숫자가 감소하였다. 즉, 일부의 우목장이 마목장으로 전환되는 경우가 있었던 바, 수원도호부 홍원곶목장[140]이 이에 해당한다.

세종대의 우목장 분포 상황

도명	군읍명	목장명
경기도	양성현(陽城縣)	괴태길곶(槐台吉串)
	수원도호부(水原都護府)	홍원곶(洪原串)
	인천군(仁川郡)	용유도(龍流島)
	인천군(仁川郡)	무의도(無衣島)
	남양도호부(南陽都護府)	선감미도(仙甘彌島)
	강화도호부(江華都護府)	주문도(注文島)

---

137) 『世宗實錄』 地理志, 卷148, 江華都護府.
138) 『世宗實錄』 地理志, 卷151, 靈岩郡.
139) 『世宗實錄』 地理志, 卷152, 瓮津郡.
140) 수원도호부 홍원곶목장은 육지가 돌출한 홍원반도 해안지역의 우목장이었다. 그런데 이 지역은 세 면이 바다로 가로 막혀 있고, 한 면은 육지와 연결되었기 때문에 목장을 설치할 수 있는 최적의 지형이었다. 홍원곶목장은 현재 서평택의 청북과 여연 및 고덕 일대를 포함한 지역인데, 홍원반도의 길쭉한 지형을 이용해 설치하였다. 당시 홍원곶목장의 둘레는 75리였으며, 목장을 관장하는 쌍부현은 수원도호부의 任內였다.

황해도	해주(海州)	수압도(睡鴨島)
충청도	당진현(唐津縣) 태안군(泰安郡) 남포현(藍浦縣)	맹곶(孟串) 다리곶(多利串) 진곶(津串)
함경도	안변도호부(安邊都護府) 용진현(龍津縣) 홍원현(洪原縣) 북청도호부(北靑都護府)	압융(押戎) 반상사눌도(反上四訥島) 마랑이도(馬郎耳島) 나만북도(羅萬北島)

홍원곶목장은 고려 공민왕 16년(1367)에 혁파되었다가, 세종 13년 (1431)에 복설되었다.[141] 세종 21년(1439)까지는 소를 방목하였기 때 문에 세종 30년(1448)의 사료에는 마목장으로 기록하였다.[142] 따라 서 세종 21년~30년 10년간의 어느 기간에 마목장으로 변경되었다. 결과적으로 우목장은 성종 원년(1470)의 경우, 제주를 제외하고 괴태 길곶(경기도), 신곶(충청도), 내덕도(전라도), 반상사눌도(함경도) 등 4곳 만 남게 되었다.[143]

성종대 우목장과 축우수

도	군읍	목장명	소의 숫자
경기도	양성현(陽城縣)	괴태길곶(槐台吉串)	101
충청도	태안군(泰安郡)	신곶(薪串)	77
전라도	장흥군(長興郡)	내덕도(來德島)	188
함경도	문천군(文川郡)	반상사눌도(反上四訥島)	121
합계			487

---

141) 『世宗實錄』 卷51, 世宗 13年 3月 壬辰.
142) 『世宗實錄』 卷121, 世宗 30年 7月 辛亥.
143) 『成宗實錄』 卷2, 成宗 元年 1月 癸未.

따라서 성종 16년(1485) 4도순찰사 홍응이 목장의 실태를 돌아보
고 와서 그 대책을 보고한바, 마목장은 국방의 근간이기 때문에 폐지
할 수 없지만, 물과 풀이 넉넉한 곳은 우목장을 마목장으로 전환하고
그 밖의 우목장은 폐지할 것을 주장하자, 성종이 승인하였다.[144]

현종 4년(1663) 『목장지도』에는 전국의 수소가 683필, 암소가 212
필, 총 895필이 전하는데, 그중 경기도가 581필(수소 426, 암소 155)로
제일 많았다.

현종 4년 경기·황해도 소를 기른 마목장

도명	군읍명	목장명	소의 숫자
경기도	강화도호부	진강장(鎭江場)	73
		북일장(北一場)	12
		매음도장(煤音島場)	11
		신도장(信島場)	6
	남양도호부	대부도장(大部島場)	32
		영흥도장(靈興島場)	26
	수원도호부	홍원곶장(洪原串場)	41
		양야곶장(陽也串場)	15
		괴태길곶장(槐台吉串場)	50
황해도	장연현	백령도장(白翎島場)	193
	풍천군	초도장(椒島場)	74
	은율현	석도장(席島場)	47

숙종 22년(1696) 『강도지(江都誌)』에 진강장 11필, 매음도장 19필,

---

144) 『成宗實錄』卷176, 成宗 16年 3月 戊戌.

주문도장 9필, 신도장 1필이 전하고, 영조 35년(1759) 『여지도서(輿地圖書)』에 경상도 거제의 칠천도목장의 흑우(黑牛) 49필이 전한다.[145]

2. 우목장의 관리와 조직

조선시대 우목장은 병조가 총괄하고 그 실무는 사복시가 담당했는데, 『경국대전』 병전 구목(廏牧)조 제정으로 크게 정비되었다. 그 특징은 마정조직과 동일하며 마정체제 내에서 운영되었다. 따라서 지방에서는 도의 관찰사 밑에 감목관을 두어 각 목장의 군두, 군부, 목자를 관할토록 하였으며, 감목관은 원칙적으로 수령이 겸임하였다.[146]

각 우목장에서는 암소 1백 필과 수소 15필로써 1군(群)을 삼고, 1군마다 군두 1명, 군부 2명, 목자 4명을 배치하여 돌보게 하였다. 이밖에 소의 병을 담당한 우의(牛醫)를 배치하였다. 그리고 우목장의 관리를 위해 『우의경(牛醫經)』 『양우법(養牛法)』을 발간하고,[147] 우목장 종사자들의 복무규정을 다음과 같이 정했다.

> 가) 군두·군부·목자로서 소 한 필을 잃어버린 자는 태(笞) 50형(刑)에 처한다(감목감은 1등급 감형함). 잃는 소 1필이 증가할 때마다 형

---

145) 남도영, 1996, 앞의 책, 469쪽.

146) 『經國大典』 卷4, 兵典 廏牧; 南都泳, 1969, 「韓國牧場制度考」, 『東國史學』 11; 1969, 「朝鮮時代 濟州島牧場」, 『韓國史研究』 4.

147) 『增補文獻備考』 卷147, 田賦考 7 務農 世祖 7年.

(刑) 1등을 추가하되, 장(杖) 1백에 그치고, 잃은 수대로 추징한다. 무인도 목장에서 소를 잃은 자는 형 1등을 감하고 잃은 수 3필마다 1필씩을 배상케 한다.

나) 사고로 죽은 소가 2필이면, 1필은 관에서 보상하고 1필은 징수하되, 평상시 간양(看養)하고 있지 않는 목장에서는 소 3필에 대하여 1필은 관에서 보상하고, 1필은 징수한다. 무인도 목장의 소는 4필에 대하여 1필은 관에서 보상하고, 1필은 변상케 한다.

다) 겸임감목관은 변상액수를 감하여 주되, 잃은 소 10필 이상, 죽은 소 15필 이상, 직접 목양하지 않은 목장에서 잃는 것 15필, 죽은 것이 20필 이상, 무인도 목장에서 잃은 것 20필 이상인 경우에 는 모두 목자 1인에 대한 예로써 징수한다.

라) 목장 내에 호랑이와 표범이 들어온 것을 즉시 포획하지 않고, 소 5필 이상을 죽게 한 자 중에, 감목관은 장(杖) 1백, 병마절도사는 장 90의 형에 처하고, 매년 세초마다. 병조에서 우적(牛籍)을 점검 조사하여 그 잃거나 죽거나 살해된 것이 가장 많은 자와 번식한 수를 3년을 통산 조사하여 연평균 30필 미만인 자에 대하여는 감목관을 파면한다.

위의 사료는 『경국대전』 병전 구목조의 우목장에 관한 내용이다. 그런데 우목장의 소를 분실하거나 소가 죽었을 경우, 소를 직접 관장하는 군두·군부·목자에게 형벌을 가하며, 호랑이 피해를 막지 못하면, 목장의 감목관과 그 지역의 병마절도사는 태형과 함께 파면했음을 알 수 있다.

이와 같이 조선은 국초부터 적극적으로 우목장을 설치하여 소의 숫자가 큰 폭으로 증가하였다. 즉 태종대와 세종 때 명나라와 교역한 숫자가 1만 6천 필에 이르렀다. 그런데 소의 숫자는 『세종실록』

지리지에서 4개 우목장(괴태길곶장, 장봉도장, 임치도장, 대청도장) 중에
임치도목장(전남, 영암군) 221필만 전하고,[148] 성종 원년(1470) 사복
시가 제주도목장을 제외하고 본토 4개 목장의 소는 4백 87필로 보고
하였다.[149]

임진왜란 중에도 소는 사육되었다. 선조 29년(1596) 6월에 소 3백
40필을 훈련도감 둔전에 우목장을 설치하여 한때 방목했다는 기록
이 전한다.[150] 한편 제주도에는 국초부터 말과 함께 소를 많이 방목
했다. 그런데 이 같은 사실은 세종 9년(1427) 6월에 올린 제주 찰방
김위민(金爲民)의 보고에 의하면, "제주는 땅은 적은데 축산은 번성
하여 농산물의 싹과 잎이 조금만 번성하면 권세 있는 집에서 우마(牛
馬)를 마음대로 방목하여 그 폐해가 심각했다."고 한다.[151]

또한 세종 10년(1428) 정월에는 제주 안찰사가 제주 땅은 좁은데
목장은 절반이 넘어 소나 말이 짓밟아 농사에 피해가 많으므로 개인
마목장의 마필은 출륙을 허락하여 줄 것을 청했다.[152] 그리고 세종
11년(1429) 병조의 보고에 따르면, "제주 농민들은 밭에 팔장(八場)이
라는 것을 만들어 소를 기르고 쇠똥을 취하여 종자를 뿌린 뒤 소를
몰아서 밭을 밟게 한다,"[153]고 한 것으로 보면, 제주도에서 소가 농
사에 여러 가지로 유용하게 쓰였음을 알 수 있다.

---

148) 『世宗實錄』 卷151, 地理志 靈岩郡.
149) 『成宗實錄』 卷2, 成宗 元年 1月 癸未.
150) 『宣祖實錄』 卷76, 宣祖 29年 6月 庚戌.
151) 『世宗實錄』 卷36, 世宗 9年 6月 丁卯.
152) 『世宗實錄』 卷39, 世宗 10年 1月 戊子.
153) 『世宗實錄』 卷45, 世宗 11年 8月 更子.

이와 같이 소는 농민들에게 절대적으로 필요한 가축이었기 때문에 조정의 적극적인 보호 육성 정책에 의하여 다수의 수효가 일정하게 유지되어 갔다. 즉, 조선시대 소는 민간에서도 많이 목축하여 다수의 숫자가 일정하게 구한말까지 꾸준히 목축했을 것으로 짐작된다. 따라서 광무 7년(1903)에는 전국적으로 75만 필이 있었다는 기록이 전하며, 순종 2년(1908)에는 45만 필의 소를 사육했던 것으로 파악하고 있다.[154]

---

154) 南都泳, 1996, 앞의 책, 470쪽.

제2장

인천부 마목장의 설치와 운영

Ⅰ.
마목장의 자연환경과 설치 유래

1. 자연환경과 입지 조건

조선 초기 인천군은 서해안 한강하구 남쪽에 위치해 있었는데,[1] 동쪽으로는 서울, 남쪽으로는 충청남도 서산·당진과 경계를 이루었다. 지리적으로는 한반도 중앙에 위치하며, 옹진반도와 태안반도 사이에 형성된 경기만에 자리 잡고 있어 육지와 해양의 중간적 성격을 가졌다.

120여 년 전 개항 당시만 해도 인천 앞바다에는 크고 작은 섬들이 무리지어 있었다.[2] 그러나 계속되는 간척으로 인해 대부분 육지가 되었고, 10여 개의 섬은 섬의 형태와 위치를 파악할 수 없을 만큼 완전히 사라졌다.[3]

---

1) 인천이란 명칭은 조선 초기 태종 13년(1415)에 처음 등장한다. 이때의 인천은 지금의 제물포 지역으로 한정되었다.

2) 인천의 해안은 리아스식 해안(rias coast)으로 해안선이 길고 복잡하며 섬이 많다. 따라서 인천군에는 168개의 섬이 있었으며, 이 가운데 128개가 사람이 살지 않는 무인도였다.

인천은 온대 하우 기후 내지는 습윤 대륙성 기후로 분류한다. 따라서 인천은 북서풍의 영향을 받아, 같은 위도 상에 있는 동해 연안의 도시보다 겨울철 기온이 낮다. 강수량은 중부의 다른 지역보다 적은 편이지만, 옹진군 등 섬 지역은 바다의 영향으로 인천의 육지보다 따뜻했다.[4] 따라서 국가는 겨울 기온이 따뜻했던 옹진군 여러 섬에 국마목장을 설치하였다.

마목장의 자연환경을 좌우하는 조건은 일차적으로 완만하면서 경사진 초원과 목초가 자랄 수 있는 기후와 토양이 필수적이다. 그리고 말과 소에게 먹일 수 있는 충분한 물이 갖추어져야 한다. 그러면 인천부의 여러 섬들은 이와 같은 조건들을 갖추고 있었을까. 이제 마목장 설치에 적합한 환경과 입지조건을 살펴보자.

토양은 목장을 설치하는 자연 조건 가운데 하나로 목초의 생산과 관련하여 중요하다. 조선 초기 인천의 땅은 기름지고 메마른 것이 반반으로 생산성이 높았다.[5] 따라서 호수는 357호, 인구는 1,412명,

---

3) 개항 이후 매립의 시초는 인천항 축조 공사에서 시작되었다. 이후 제2도크 공사가 완공되자 중구·동구·남구 일대 갯벌이 대부분 간척되었다. 즉, 현재 인천 지역 중 연수구의 70%, 미추홀구의 20%, 서구의 절반가량, 중구의 40%, 동구의 20%, 남구의 10% 정도가 매립지이다. 그러므로 인천 해안의 97%는 인공 제방이나 항만 시설인 셈이다.

4) 인천의 육지 쪽은 연교차가 커서 봄은 포근하고 여름은 덥다. 그래서 서울과 기후가 거의 비슷하다. 그러나 해안가는 서울보다 일교차도 작고 연교차도 작다. 그런데 12~1월의 겨울은 서울보다 따뜻해서 기온이 덜 내려가고 더 올라가는 경향이 있다.

5) 개간한 땅은 2천 6백 1結이었는데, 그중에 논이 7분의 3이었다. 따라서 시비법이 발달하지 못했던 당시에는 밭을 개간하면 2~3년의 연작이 가능하여 이삭이 잘 여물었다. 밭에서 수확하는 곡물은 오곡과 조·기장·콩·보리·팥·메밀·뽕나무·삼[麻]이 대부분을 차지했다.

군정은 시위군이 1명, 선군(船軍, 수군)이 172명이었다. 특히 제물량 서쪽 수로 3리에 자연도가 있고, 자연도 옆에 삼목도, 삼목도 서쪽 수로 5리에 용유도, 서쪽 수로 1리에 무의도가 있었는데, 모두 국마를 방목하였다.[6] 인천부 섬지역의 기후는 바다에 가까워 일찍 따뜻해지므로 본토의 어느 지역보다도 목축에 유리하였다. 특히 국마를 방목하는 섬에는 호랑이의 피해를 줄이는 이점이 있었다.

2. 마목장의 설치 유래

인천광역시 옹진군의 여러 섬에서 선사시대 이래의 유적이 많이 발견되었으나, 말을 가축화하거나, 삼한시대에 이르러 마목장을 설치한 정확한 연대는 아직 해명하지 못하고 있다. 왜냐하면 지금까지 이와 관련한 유물 유적이 발견되고 있지 않기 때문이다. 그러나 삼국시대의 고구려와 백제 및 통일신라가 이곳에 섬목장을 설치하였을 것으로 추정된다.

그리고 고려 초기 문종 25년(1071)에 섬 목장, 곧 도거(島阹)[7]가 널리 설치하고 있어서 개경에 가까운 경기 서해연안의 여러 섬목장도 이때를 전후하여 설치된 것으로 추정한다. 특히 고종 19년(1232)에 서울을 강도로 옮긴 뒤[8] 29년을 항전하는 동안 강화도 근처인 이곳에도 마목장을 설치하고 군마를 조달하였을 것으로 짐작된다.

---

6) 『世宗實錄』 地理志, 卷148 京畿 富平都護府 仁川郡
7) 『高麗史』 卷82, 志 36 兵 2 馬政, 文宗 25年 島阹.
8) 『高麗史』 卷23, 世家 23 高宗 19年 6月 乙丑.

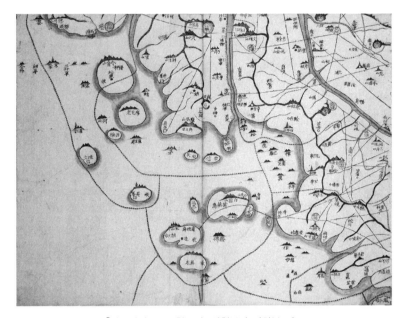

「대동여지도」 13첩 5면, 인천부와 강화부 지도

조선왕조를 건국한 태조 이성계는 수도를 한양으로 천도한 직후 기전[9]에 마목장을 집중적으로 설치하였다. 즉, 양주도호부 전곶(箭串, 뚝섬)에는 왕실목장, 녹양(의정부)에는 군사목장을 설치하였다.[10]

---

9) 畿甸은 서울을 중심으로 하여 사방으로 뻗어나간 가까운 행정구역을 포괄하는 지역을 뜻한다. 機內, 또는 京畿라는 용어와 동격이다. 특히 조선왕조는 한양에 도읍을 정하면서 가까운 곳에 두 개의 행정구역을 배치했는데, 하나는 한강 이북의 楊州都護府이고, 다른 하나는 한강 이남의 廣州牧이다. 여기서 도호부는 거점 지배의 원리에서는 牧과 상통하지만, 군사적 성격을 강하게 띠고 있다는 점에서 구분된다. 또한 목이 신라의 9주를 계승하고 있는 데 반해, 도호부는 북방개척 및 통일전쟁이라는 필요에 의해 설정되었다는 점에서 차이가 있다(尹京鎭, 2007, 「고려 태조대 都護府 설치의 추이와 운영-북방 개척과 통일전쟁-」, 『軍史』 64, 162쪽).

10) 이홍두, 2016, 「조선전기 畿甸의 마목장 설치」, 『서울과 역사』 93, 10~13쪽.

또한 태종은 명나라가 제주목장을 탈취하려는 야욕을 간파한 직후, 제주도목장의 종마 1백여 필을 강화도 길상산에 옮긴 다음, 강화도 본섬 전체를 대상으로 마목장을 설치코자 하였다.

반면에 세종은 강화도 부속섬과 인천군 및 남양도호부 여러 섬에 마목장을 설치하였다. 『세종실록』 지리지에는 경기도 마목장 26개 의 명칭이 전한다.[11] 이들 마목장을 지역별로 구분하면, 기전의 양주 도호부와 광주목에 8개, 경기도 서해연안의 강화도호부·인천군·남 양도호부에 18개가 있다. 이 가운데 인천군에는 5곳에 국마목장을 설치했는데, 자연도·삼목도·사탄도·무의도목장이 그것이다.

---

11) 이홍두, 2014, 「조선시대 강화도 馬牧場의 置廢와 戰馬의 생산」, 『군사』 93, 107~ 122쪽.

Ⅱ.
마목장의 설치운영과 겸임감목관 배치

1. 자연도·삼목도목장의 운영과 겸임감목관의 배치

조선 건국 이후 수도 한성에서 가까운 자연도는 다른 어느 지역보다 국방과 군마의 목축지로 주목되었다. 따라서 태종과 세종은 이곳에 마목장을 설치하였다. 당시 조선정부는 명나라의 과다한 마필 요구에 직면하여 제주도목장의 마필을 공급 중에 있었다. 그런데 태종 13년(1413) 7월 북경에서 돌아온 사신이 "제주에서 생산된 마필은 전에 원나라가 방목한 목장이니, 중국으로 옮겨 설치하자"는 논의가 있다고 보고하였다.[12]

군마 생산에서 큰 위기에 처한 태종은 제주목장의 종마 1백여 필을 강화도 길상산에 옮겼다. 그리고 강화도 본섬과 경기 서해연안의 여러 섬에 마목장 설치를 추진하였다. 반면에 세종은 강화도 부속 섬에 마목장 설치를 적극 추진하였다. 당시 제주목장은 먼 바다에 위치하여 유사시에 즉시 군마를 이용할 수 없었다.

---

12)『太宗實錄』卷26, 太宗 13年 7月 乙未.

그런데 수송이 편리한 한강하류의 경기 서해연안에 마목장을 설치함으로써 군사적 위기 상황에 신속히 대처할 수 있게 되었다.[13] 따라서 여기서는 경기 서해연안의 5개 마목장 가운데 규모가 가장 큰 자연도목장과 삼목도목장의 설치 운영을 겸임감목관 배치와 관련하여 고찰하려고 한다.

자연도에 사람이 정착해 살게 된 시기는 신석기시대로 추정된다. 자연도는 고려 후기에 와서 왜구가 창궐함으로써 사람들은 살지 못하고 국가에 죄를 지은 관료들의 유배지로 사용되었다. 한편 고종 18년(1231) 8월에 몽골군이 침입하자, 고려정부는 수도를 강화도로 옮긴 후, 주민들에게 산성과 섬에 들어가 지키라는 '산성해도입보령'을 내렸다.[14] 이때 많은 주민들이 자연도로 피난하여 들어왔다. 특히 당시 자연도는 '창주' 고을 주민들이 집단으로 이주해 왔다고 한다.

그러면 자연도목장과 삼목도목장의 최초 설치시기는 언제였을까? 다음의 사료가 그 해답의 실마리를 제시한다.

> 가) 자연도(紫燕島)는 제물량 서쪽 수로(水路) 3리에 있다. 둘레가 25리인데, 국마 3백 58필을 방목하며, 수군·목자·염부가 있는데, 모두 30여 호이다. 삼목도(三木島)는 자연도 옆에 있다. 둘레가 45리인데, 수군·목자·염부 30여 호가 살고 있다. 조수가 물러가면 자연도의 말이 서로 왕래한다.[15]

13) 이홍두, 2014, 「조선시대 강화도 馬牧場의 置廢와 戰馬의 생산」, 『군사』 93, 105~106쪽.

14) 김재홍, 1988, 『조선인민의 침략투쟁사(고려편)』, 백산자료원, 255쪽.

15) 『世宗實錄』 地理志, 卷148, 京畿 富平都護府 仁川郡.

나) 경기 관찰사가 계하기를, "자연도와 삼목도 두 섬의 수군을 을미
년에 이속시켰습니다. 이로 말미암아 수군으로서 배를 부리는데 익숙
한 자가 감소했습니다. 청컨대, 두 섬의 수군을 교동에 다시 속하게
하고, 목자는 사사(寺社)의 노비로써 이에 충당케 하소서" 하니, 상왕
이 그대로 따랐다.[16]

위의 가)는 바다의 조수가 물러가면 자연도와 삼목도가 육지로
연결되어 두 목장의 말이 서로 왕래한다는 것을 말하고 있고, 나)는
자연도와 삼목도 두 섬의 수군이 7년 전에 목자로 옮겼기 때문에
수군이 부족하여 배를 부릴 수 없다고 하면서 두 섬의 수군을 교동
에 배속시키고, 부족한 목자는 사찰노비로 충당할 것을 말하고 있다.

여기서 자연도와 삼목도는 원래 독립된 섬이었으나 상류 예성강,
임진강, 한강에서 흘려 내려온 토사(土砂)가 섬 사이에 퇴적되어 갯
벌(육지)로 이어졌는데, 간만의 시차에 따라 물이 들어오면 2개의 섬
이 되고, 물이 빠지면 1개의 섬으로 보였음을 지칭한 것이다.

두 개 목장의 마필이 서로 왕래하기 때문에 각 목장의 마필 숫자
를 파악할 수가 없었다. 따라서 『세종실록』 지리지에서 보듯이 자연
도목장 마필의 숫자를 358필로 기록한 반면에 삼목도목장[17]의 마필
숫자는 기록하지 않았다.

나)에서 을미년은 태종 15년(1415)을 지칭한다. 이 사료를 통해
자연도목장은 태종대에 설치되었음을 알 수 있다. 특히 세종 3년

---

16) 『世宗實錄』 卷12, 世宗 3年 7月 乙酉.
17) 『세종실록』 지리지에서 삼목도의 둘레를 45리라고 하였지만, 『신증동국여지승람』
    인천부의 마목장에서는 삼목도 섬의 둘레를 10리로 기록하였다.

(1421) 상왕(태종)이 사찰노비를 목자의 역(役)을 수행토록 허용한 사실은 세종이 즉위한 이후에도 태종이 군사적 실권을 장악함에 따라 나타난 결과로 보인다.

세종이 즉위한 초에는 수군이 목자의 역을 대행했지만, 세종 후반에 와서는 수군과 목자의 역을 각각 분리하였다. 결국 이 같은 상황이 한동안 사찰노비[18]가 자연도목장의 목자 역을 대행했지만, 전문성이 떨어져 사찰로 돌려보냈고, 수군들도 자신들의 역을 고역으로 인식하여 목자의 역을 기피하게 되었다. 따라서 국가는 세종대 후반에 이르러 목자를 배정하고 감목관(監牧官)[19]을 임명하여 마필을 체계적으로 관리하게 되었다.

세종은 동왕 4년에 감목관 제도를 전국적으로 실시하게 되었다. 즉 각 고을 수령으로 감목관을 겸임하고, 각 목장에 직원과 목자를 배치하여 암말 10필에 새끼 7, 8필을 번식시키면 상등, 5, 6필이면 중등, 3, 4필이면 하등으로 정하여 매년 말에 그 번식시킨 것의 다소에 따라 포상과 폄출을 결정토록 하였다.

이후 감목관 제도는 세종 7년(1425) 병조의 안에 따라 개혁을 단행하였다. 즉, 각 마정의 하부조직인 각 도의 목장을 암말 1백 필 단위로 1군(群)으로 편성하고, 군두 1명씩을 배치하였으며, 매 50필마다 각각 군부 1명을, 매 25필마다 목자 1명을 소속시켰다. 그리고 이를 관할하기 위하여 말 번식에 능숙한 6품 이상의 감목관을 파견

---

18) 『經國大典』 卷4, 兵典 廐牧條에 "群頭一人 牧者內良人擇定"이라고 한 것이 있다. 여기서 고려시대의 노자의 후신이 곧 목자였음을 알 수 있다.

19) 원래 감목관 제도는 『唐書』에서 찾을 수 있다. 그런데 『高麗史』에서는 諸監牧直라고 하였다. 따라서 조선에서는 고려의 제도 대신에 당나라의 제도를 따른 셈이다.

하여 매 1군마다 1년에 80필 이상을 번식시키면 상등, 60필 이상은 중등, 60필 미만은 하등으로 하여 이것으로 출척의 근거를 삼았다.

그래서 30개월 안에 상등이 세 번이면 위계를 올려주고, 상등이 한 번이면 위계는 그대로 둔 채 임용하며, 세 번 모두가 중등이면 벼슬을 깎아서 내려 보내고 하등은 논죄하여 파면시키며, 그 번식 성적이 하등인 것은 군두·군부·목자도 모두 논죄하였다. 또한 말이 죽거나, 잃어버리거나, 부상하여 쓸 수 없게 된 것은 모두 법률의 조문에 따라 처리하게 하였다.[20] 따라서 감목관→목장의 군두→군부→목자로 연결된 체계가 확립되었다. 그 뒤 세종 10년(1428)에는 역(役)이 없는 백성을 목자로 충당하고, 목마군을 편성하여 목장을 방위토록 하였다.

한편 감목관을 배치하게 된 배경은 당시 조정의 관료들이 지적하듯이 마정에 밝지 못한 수령들이 목장 관리를 맡아 말이 손실되는 것을 해결하기 위해서였다. 이 같은 제도 개혁은 앞에서 설명하였듯이 세종 4년을 거쳐, 세종 7년까지 계속되어 병조의 건의로 6품 이상의 감목관을 임명함으로써 전문직의 전임감목관 지위를 굳히게 되었다.[21] 그러나 전임감목관의 배치로 공대비용이 증가하고, 그들의 관사(官舍)를 미처 마련하지 못하여 세종 8년(1426)에는 목장 부근의 말에 익숙한 역승과 염장관으로 감목관을 겸임시켰다.[22] 이에 겸임 감목관과 전임감목관이 함께 배치되었다.

20) 『世宗實錄』卷30, 世宗 7年 11月 庚申.
21) 『世宗實錄』卷18, 世宗 4年 12月 癸酉; 『世宗實錄』卷30, 世宗 7年 11月 庚申條에 "專任監牧官"으로 되어 있다.
22) 『世宗實錄』卷32, 世宗 8年 4月 甲申

그러나 겸임감목관으로 차정된 역승이 본래의 임무 때문에 마정에 전념하지 못하고 피해를 일으키자, 세종은 동왕 13년(1431) 정월에 겸임감목관 제도의 폐지를 조신들에게 논의토록 하였다. 당시 맹사성은 폐지를 주장하고, 이중지는 존속을 내세웠으나, 세종이 맹사성의 의견에 따라 겸임감목관 제도를 폐지하였다.[23]

이러한 조치에도 불구하고 계속하여 겸임감목관제의 필요성이 제기되었다. 그것은 감목관이 그 실무를 집행함에 있어서, 첫째는 목장 대부분이 바다에 멀리는 1백리, 가까이는 50, 60리 밖에 있으므로 항시 왕래하여 살필 수 없고, 둘째는 순찰에 따른 경비부담이 크며, 셋째는 수령들의 행정 지원이 없이는 소임을 효과적으로 수행할 수 없기 때문이다.[24] 특히 수령들의 비협조는 큰 문제가 되어 같은 해 11월에 병조가 건의하여 수령이 감목관을 겸임토록 하였다. 따라서 세종 15년에 강화부사가 감목관을 겸하고, 세종 17년(1435)부터는 만호(萬戶)와 천호(千戶)를 감목관으로 겸임시켰는데, 이들이 무관으로 배타기를 잘하고 마정에 밝아 섬에 있는 목장을 잘 보살폈기 때문이다.[25]

세종은 동왕 18년(1436) 7월 무오에 전국의 전임감목관을 혁파하고 각 목장을 그 지방 수령이 겸임토록 하는 조치를 취했다. 그런데 여기서 같은 서해연안의 목장이면서 인천군 소속 자연도목장과 남양도호부 소속 덕적도목장의 겸임감목관 칭호가 상호 다른 것이 주

23) 南都泳, 1996, 『한국마정사』, 한국마사회 마사박물관, 222쪽.
24) 『世宗實錄』 卷51, 世宗 13年 1月 己丑.
25) 『世宗實錄』 卷59, 世宗 15年 2月 己亥.

목된다. 이것은 당시의 시대상황을 적절히 고려한 결과로 보인다.
다음의 사료가 바로 그러한 것을 설명하고 있다.

> 병조에서 아뢰기를, 경기도 자연도·용유도·무의도목장은 지인천
> 군사로, 대부도·영흥도목장은 남양도호부사로, 덕적도·사야곶이도·
> 이작도·소흘도목장은 좌도 첨절제사로, 매도·장봉도·위도목장은 정
> 포만호로, 주문도·보음도목장은 우도 첨절제사로 겸해 임명하고, 감
> 목관은 모두 혁파하소서. 하니, 그대로 따랐다.[26]

위 사료에서 같은 서해연안의 섬 목장이지만 인천군 소속의 자연
도목장은 행정을 전담하는 문반의 지인천군사[27]로, 대부도목장은
행정과 군정을 담당하는 문반의 남양도호부사로, 남양도호부의 덕
적도와 강화도호부의 주문도목장은 무반의 첨절제사로 감목관을 겸
임토록 했음을 말하고 있다. 여기서 그동안 자연도목장은 인천군
행정의 총 책임을 맡는 '지인천군사'가 마목장 운영에 간여하지 않
아 목양과 축산의 업무가 원활하게 이루어지지 못했음을 알 수 있다.
따라서 세종은 동왕 18년에 병조가 전국의 전임감목관을 혁파하
고, 각 목장을 그 지방의 수령으로 겸임하여 목장을 통솔토록 건의
함으로써, 인천군의 '지군사(知郡事)'가 자연도목장의 겸임감목관이
되는 결정을 보게 되었다.

---

26) 『世宗實錄』卷74, 世宗 18年 7月 戊午.
27) 한국에서는 통일신라에서 郡의 지방관을 太守라고 부르다가, 고려시대부터 知郡事
　　라고 했다. 그런데 세조 12년(1466)부터 군의 지방관은 郡守라는 용어를 썼다. 현재
　　이와 같은 직함을 쓰는 공적 지위로는 道의 수장인 道知事가 있다.

그러면 경기도 서해연안의 세 고을은 문반과 무반으로 그 직책이 다른 이유는 무엇 때문일까. 그것은 남양도호부와 강화도호부는 수 군의 첨절제사가 지휘하는 거진이 있었던 반면, 인천군에는 수군 진영이 없었던 것에 기인한다. 결국 세종 27년(1445)에는 전라·경기 도에 배치한 전임감목관을 다른 도의 예에 따라 폐지함으로써,[28] 겸임감목관 제도가 점차 정착되어 갔다.

당시 겸임감목관에 임명된 관직은 목사(정3품), 부사(종3품), 판관 (종5품), 현감(종6품), 찰방(종6품), 첨사(종3품), 만호(종4품), 역승(종9 품), 천호 등이 있다. 한편 『경국대전』에서 감목관은 종6품으로 수령 이 겸하게 되었는데,[29] 이는 행정권을 가진 수령을 통해 마목장을 감독하려는 이유 때문이었다. 그러나 그 후에도 중요 지역에는 전임 감목관이 배치되었다.

한편 삼목도목장은 연산군과 중종대에 와서 왕실의 공주와 중종 반정 공신들에게 절수(折受)된 사실이 주목을 끈다. 즉, 조선 중기 직전제가 붕괴되면서 지배층은 병작반수제에 입각한 소작경영을 통 해 경제적 기반을 확고히 하였다.[30] 다시 말해서 직전제 폐지 후, 권세가와 왕실 및 중앙의 각사·지방기관에서는 전결면세의 토지절 수제에 근거하여 궁둔(宮屯)과 영아문둔(營衙門屯)이 팽창하였다.[31]

다음의 사료가 삼목도목장의 절수지 추진에 대한 일련의 과정을

---

28) 『世宗實錄』 卷107, 世宗 27年 1月 乙未.

29) 『經國大典』 卷4, 兵典, 外官職 京畿監牧.

30) 이재룡, 1965, 「朝鮮初期 屯田考」, 『역사학보』 29, 111~120쪽.

31) 이경식, 1987, 「17세기 土地折受制와 職田復舊論」, 『동방학지』 54·55·56합집, 445 ~448쪽.

설명하고 있다.

화천군 심정이 충훈부의 뜻으로 아뢰기를, "인천 삼목도는 지난 정
묘년에 하사받은 뒤, 박원종 등이 많은 공력을 들여 개간하여 농토를
만들어 논은 40여 석 지기가 되고 밭은 30여 일 갈이가 됩니다. 공신
옹주가 신유년에 상언하여 계해년에 이 섬을 떼어 받았으나 호조에
계하하자, 호조가 방계했었습니다. 대저 이 섬은 본래 말을 방목하던
땅인데, 갑자년에 창녕대군이 떼어 받은 뒤 다른 사람에게 방매하여
이전된 것으로 계해년은 곧 갑자년보다 앞이므로 황무지를 떼어 받았
다는 옹주의 말은 틀립니다.

따라서 그가 법을 어기고서 상언하였음이 분명한데, 이번에 도로
옹주에게 떼어주는 것은 천감(天鑑)이 다 통찰하지 못하신 것인가 싶
기에 감히 아룁니다." 하니, 전교하기를, "그 섬은 계해년에 옹주가
떼어 받았다가 그 이듬해에 귀양을 갔으니, 그 뒤에 창녕대군이 떼어
받았음은 사세가 당연한 것이고, 이미 대군의 소유물이 되었었기 때문
에 속공하였다가 충훈부에 내려준 것이다. 그때에 옹주가 즉시 추심하
지 못한 것은 석방되어 돌아온 지 오래지 않았기 때문인데, 옹주가
절조를 지키니 마땅히 생각하여 돌보아야 한다. 전일에 대간이 또한
우대하여 돌보아야 한다는 뜻으로 간절하게 상소를 진달했었지만, 단
지 돌볼 길이 없었기 때문에 실현하지 못했었다. 각사가 다투어 전답
을 찾음은 또한 사체에 합당치 못하다. 또 충훈부는 비록 이 섬이 아니
더라도 장차 남원 땅을 떼어 받게 될 것이니 이 섬은 도로 옹주에게
주는 것이 합당하다."고 하였다.[32]

위 사료는 16세기 이후, 경기 서해연안의 해택과 섬 목장의 경지

---

32) 『中宗實錄』 卷43, 中宗 16年 10月 壬午.

가 모두 권세가의 수중에 들어가고, 세조대 기본 토지제도였던 직전
제가 붕괴되어 공전이 모두 사전으로 편입되었음을 설명하고 있다.
여기서 공신 옹주는 성종의 셋째 딸을 지칭하고, 방계는 임금에게
아뢰어 시행하기를 청한 어떤 일에 대하여 시행하지 말도록 아뢰는
것이다.

물론 이 설명에는 중종반정이라는 급격한 정치변동에 직면하여
지배층의 사유재산이 증가한 측면이 없지 않겠으나, 기본적으로 성
종대 이후 지배층의 섬목장 겸병이 확대되었음을 지적한 것으로 볼
수가 있다.[33] 이리하여 중종대에 와서 토지겸병 현상은 일반적인
사회현상이 되었거니와 이것은 당시 목장의 사유화에 많은 영을 끼
친 것으로 보인다.

즉, 위 사료에서 반정공신 박원종이 중종 2년(1507) 권력을 이용하
여 삼목도 섬을 하사받아 옥토로 개간하였지만, 박원종이 1510년(중
종 5) 병으로 사망하자, 연산군대에 속공으로 삼목도를 하사받았던
충훈부[34]가 소유권을 주장하였음을 알 수 있다. 결과적으로 중앙의
각사에 해당하는 충훈부는 중종의 반대로 삼목도목장을 소유하지는

---

33) 목장 내의 경작은 세종대 처음 허용되었다. 즉 세종 24년(1442) 제주 경차관의
　　제의에 따라 한라산 목장 내의 耕種을 허용하였고, 세종 27년(1445)에는 전국의 여러
　　목장에서도 목장 안의 전지를 築場하여 경작하도록 하였다. 그러나 해도목장의 개간
　　에 대한 논의는 성종 18년(1487) 1월 26일, 경기 관찰사 성건이 남양도호부 대부도목
　　장에 둔전을 설치할 것을 주장하면서 본격적으로 이루어졌다. 당시 성건은 "대부도
　　중앙은 토지가 비옥하여 2백여 석을 추수할 수 있고, 또한 간석지도 2백여 석의
　　추수가 가능하니, 축장하여 목장마의 난입을 막고, 花梁 소속의 당령 수군 절반을
　　투입하여 경작할 것"을 주장하였다(『成宗實錄』 卷199, 成宗 18年 1月 丁卯).
34) 조선조 3대 태종 14년에 功臣都監을 忠勳司로 고쳤다. 그리고 7대 세조 때 忠勳府로
　　승격시켰다.

못했지만, 전결면세의 토지절수제는 그들의 지배적 우위를 관철시키는 제도임에 틀림없다고 하겠다.

2. 용유도·사탄도·무의도목장의 운영과 겸임감목관의 배치

조선시대 목장은 조선 초기 세종 때 와서 수초가 좋은 곳에 새로운 목장을 설치함으로써 국영목장이 발달하였다. 그런데 마목장은 육지의 일부를 제외하고는 거의 섬이나, 바닷가의 뾰족하게 내민 땅인 곶(串)에 설치되었다. 앞에서 우리는 자연도목장과 삼목도목장의 설치와 운영에 대해 살펴보았다. 따라서 여기서는 같은 경기 서해연안에 위치한 용유도·사탄도·무의도목장의 설치 운영을 겸임감목관 배치와 관련하여 고찰하고자 한다.

세종 때 인천군이 관장하는 5개 목장 가운데 자연도목장과 삼목도목장이 가장 넓고 마필 숫자 역시 358필로 가장 많았다. 반면에 나머지 3개 목장의 마필은 용유도목장 59필, 무의도목장 92필이며, 사탄도목장의 마필 숫자는 기록이 없다. 다음의 사료가 바로 그와 같은 것을 설명하고 있다.

> 용유도(龍流島)는 삼목도 서쪽 수로 5리에 있다. 둘레가 23리인데, 국마 59필을 방목하며, 수군·목자·염부 20여 호가 살고 있다. 사탄도는 용유도와 서로 연하였는데, 둘레가 15리이다. 목자·염부 5, 6호가 살고 있는데, 함께 소금 굽는 것으로 살아간다. 무의도는 서쪽 수로 1리에 있다. 둘레가 25리인데, 국마 92필을 방목하며, 밭과 소금이 없어서 사람이 살지 못하고, 삼목도의 목자가 내왕하면서 말을 기른다.[35]

위 사료에서 세종 때 인천군이 관장하는 용유도·사탄도·용유도 목장에 대해 그 대강을 파악할 수 있다. 그런데 여기서 조수가 물러 가면 용유도와 사탄도가 서로 육지로 연결되어 말이 서로 왕래한다 는 것이 주의를 끈다. 즉 용유도와 사탄도는 원래 독립된 섬이었으 나 상류의 강에서 흘려 내려온 토사(土砂)가 섬 사이에 퇴적되어 갯 벌로 이어졌음을 말하고 있다.

따라서 간만의 차에 따라 물이 들어오면 두 개의 섬이 되고, 물이 빠지면 한 개의 섬이 되었던 것이다. 특히 국마 92필을 방목하는 무의도목장은 밭과 소금이 없는 무인도였기 때문에 삼목도 목자가

인천군 5개 섬의 토사퇴적 지도

---

35)『世宗實錄』地理志, 卷148, 京畿 富平都護府 仁川郡.

왕래하면서 말을 관장할 수밖에 없었다. 여기서 무의도에 소금이 없다는 것은 당시 무의도에 갯벌이 없었음을 지칭한다.

그렇다면 위의 세 개 목장은 언제 설치되었을까. 이 문제는 자연도목장과 삼목도목장을 처음 설치한 태종 15년(1415) 전후가 아닐까 한다. 즉, 목장을 설치한 당시 두 곳의 목장에는 마필을 관리하는 목자를 배치하지 않았기 때문에 수군으로 목자의 역을 대행케 했다는 사료에서 그것을 알 수 있다. 다시 말해서 세종 3년(1421) 국가는 두 섬의 마필 관리를 위해 사사노비(寺私奴婢)를 차출하여 목자의 역을 대행시키고, 목자의 역을 겸했던 수군을 왜구의 침략에 대비하여 강화도 교동에 다시 배속시켰다.[36]

따라서 위의 세 개 목장은 관리 부실과 도난 및 추위와 병으로 인한 폐사로 마필 숫자가 감소했을 것으로 추정된다. 또한 사탄도목장 마필의 숫자가 기록으로 전하지 않는 것은 용유도 목장의 말이 서로 육지를 통해 왕래했기 때문이다.

『세종실록』 지리지 인천군 마목장 실태

도명	소관읍명	목장명	둘레	마필 수	목장 설치년도
경기도	인천군	자연도(紫燕島)	25리	358	태종 15년
	〃	삼목도(三木島)	45리	·	태종 15년
	〃	용유도(龍流島)	23리	59	세종 13년
	〃	사탄도(沙呑島)	15리	·	
	〃	무의도(無衣島)	25리	92	세종 13년

---

36) 『世宗實錄』 卷12, 世宗 3年 7月 乙酉.

한편 세조 12년(1466) 2월의 실록 기사에는 용유도 마필 숫자가
160필이었다고 전하는데,[37] 이 같은 사실은 세종 13년(1431)의 마필
숫자가 59필이었던 것과 비교할 때 약 3배 정도가 증가한 셈이다.
따라서 5개 섬 목장의 전체 마필 숫자는 1천 5백여 필로 추정된다.

『신증동국여지승람』 인천도호부의 마목장 실태

도명	소관 읍명	목장명	둘레	마필 수	비고
경 기 도	인천도호부	자연도(紫燕島)	55리		
	〃	삼목도(三木島)	10리		
	〃	용유도(龍流島)	25리		
	〃	사탄도(沙呑島)	5리		
	〃	무의도(無衣島)	28리		
	〃	덕적도(德積島)	30리	257	성종 17년 남양도호부에서 인천도호부로 옮김
	〃	사야곶이도 (士也串島)	10리		성종 17년 남양도호부에서 인천도호부로 옮김

따라서 세종은 즉위 초부터 태종의 마목장 확대정책을 계승하여
전국에서 물과 풀이 모두 풍족하여 방목할 만한 곳을 찾아 마목장을
설치하였다. 결국 세종대 후반에 와서 말의 숫자가 두 배로 증가하
는 상황이 되자, 목장을 관장하는 부족한 인원의 문제를 국가 차원
에서 논의하게 되었다. 다음의 사료가 그러한 것을 설명하고 있다.

사복시 제조가 아뢰기를, "근래에 목장을 증설하였기 때문에 말의

---

37) 『世祖實錄』 卷38, 世祖 12年 2月 丙申.

숫자가 갑절이나 많아졌으므로 그 손실되고 생산된 숫자를 관원 2명
으로는 자세히 살필 수가 없습니다. 특히 새끼 친 것의 많고 적음을
조사할 방법이 없사오니, 청하옵건대 경기도 목장 17곳과 충청도 7곳,
함길도 5곳, 전라도 12곳, 평안도 3곳, 제주도 2곳, 경상도 4곳, 황해도
7곳을 사복시의 녹관(祿官)과 겸관(兼官)들을 시켜서 나누어 맡아서
그 근면하고 태만한 것을 규찰케 하고, 제조로 하여금 다시 검찰하게
하소서" 하니, 그대로 따랐다.[38]

위 사료에서 근래에 목장을 증설하여 말의 숫자가 갑절이나 증가
하여 말이 죽거나 새로 출산한 숫자를 2명의 관원만으로는 파악할
수 없기 때문에 전국의 마목장을 상대로 이 문제를 해결하려면 사복
시의 녹관과 겸관들에게 복무 상태를 규찰케 하고, 사복시 제조가
다시 감찰할 것을 말하고 있다. 여기서 말의 숫자가 갑절이나 많아
졌다는 것은 태조와 태종대 설치한 마목장 숫자보다 세종대 설치한
마목장 숫자가 더 많았음을 의미한다.

3. 인천부 마목장의 변천

여기서는 양란 이후 조선 후기에 나타난 사회, 군사적 변화가 당
시의 마목장 폐지에 어떠한 영향을 끼쳤는가를 살펴보려고 한다.
그렇다면 자연도목장의 폐지는 언제부터 시작되었을까? 다음의
사료에서 그 해답의 실마리를 찾을 수 있다.

---

38) 『世宗實錄』 卷61, 世宗 15年 9月 戊戌.

가) 형조 판서 서필원이 상소하여 매음도와 자연도 두 섬의 목장을 폐지하고 백성을 모아서 경작하기를 청하니, 상이 도타이 비답하고 묘당을 시켜 의논하여 처치하게 하였다.[39]

나) 병조 판서 조태채가 지도를 펴놓고 축성할 곳을 가리키며 진달하기를, "강도에서 자연도로 가려면 돛단배 한 척으로 도착할 만한 곳에 불과하며, 자연도에서 이곳과의 거리도 또한 멀지 않습니다. 만약 이곳에다 성을 쌓는다면 강도와 기각이 되니, 적임자를 얻어서 지킨다면 혹시 위급한 일이 있더라도 반드시 마땅히 힘을 얻을 수 있을 것입니다." 하니, 이유가 말하기를, "신이 일찍이 사관으로 입시하였을 때에 고 판서 서필원이 자연도의 형세를 가지고 진백(陳白)하였는데, 그 의논은 대개 자연도가 강도보다 낫다고 하여 그대로 목장을 혁파하고 설치한 것이 많이 있었습니다. 이제 이 성을 쌓을 곳을 비록 친히 보지는 못하였으나, 이 지도에 의거하여 그 형세를 살펴보면, 하늘이 만든 천연의 험지임을 상상할 수 있을 것입니다." 하였다. 조태채가 이내 대신과 가서 형편을 살펴보기를 청하니, 임금이 조태채로 하여금 가서 형세를 살펴본 뒤에 품정하게 하였다.[40]

임진왜란 이후 전국의 목장은 폐지 또는 축소되는 과정을 밟게 되었다. 특히 임진왜란 중 남방의 목장 중 절반 이상이 적의 수중에 들어가 선조 27년(1594)에는 40여 곳이 폐지되고,[41] 말을 보급한 목장은 제주도 목장, 경기 서해연안의 목장, 황해도와 함경도 목장 등 25개 정도였다.[42] 그 뒤 인조 19년(1641)에는 119개의 목장 중 말이

---

39) 『顯宗實錄』 卷19, 顯宗 12年 2月 戊申.

40) 『肅宗實錄』 卷46, 肅宗 34年 5月 丁亥.

41) 許穆, 1663, 『牧場地圖』 後序.

있는 목장이 46개, 폐지된 곳이 73개였으며, 현종 때는 다소 정비되어 138개 중 폐지된 곳이 62개였다.[43]

결국 자연도목장의 폐지는 현종대에 와서 대세가 되었고 숙종대에 폐지된바, 이제 군사기지 건설과 둔전 및 민전 개발을 명분으로한 토지 사유화는 일반적인 현상이 되기에 이르렀다. 당시의 실정을 『조선왕조실록』의 사관은 다음과 같이 요약하여 설명하고 있다.

가) 판윤 서필원이 아뢰기를, "강도는 국가가 믿고 있는 곳인데, 만약 얼음 조각이 떠내려와 강을 막게 되면 길이 통하기 어렵습니다. 국가가 이것을 염려하여 자연도로 길을 통하게 하여 그곳에 궁궐을 설치하고 양식을 갖추어 두어 위급한 상황에 대비하고 있는데, 자연도는 토지가 비록 비옥하나 목장 때문에 개간을 할 수가 없어서 주민들이 살아가기가 아주 어렵습니다. 말들을 몰아 내고 전사들에게 나누어 주어 그 목장을 혁파하고 내년부터 둔전을 설치하여 곡식을 저축하면 좋겠습니다." 하니, 허적이 아뢰기를, "서필원이 지금 그곳에 나가게 되었으니 다시 형세를 살피게 한 뒤에 그 계청을 허락하는 것이 마땅하겠습니다." 하였는데, 상이 그렇게 하라고 하였다.[44]

나) 형조판서 서필원이 상소하여 매음·자연 두 섬의 목장을 폐지하고 백성을 모아서 경작하기를 청하니, 국왕이 이에 동의하고 묘당을 시켜 의논하여 처치하게 하였다.[45]

다) 자연도목장의 우마(牛馬)를 용유도와 무의도 두 섬에 옮겼으니,

---

42) 南都泳, 1996, 앞의 책, 231쪽.

43) 許穆, 1663, 『牧場地圖』 後序. 『增補文獻備考』 卷129, 兵考 17, 馬政.

44) 『顯宗實錄』 卷23, 顯宗 11年 11月 丙寅.

45) 『顯宗實錄』 卷19, 顯宗 12年 2月 戊申.

자연도에 둔전을 설치하기 때문이었다.[46)]

위의 가)는 국왕 현종이 대신과 비국의 여러 신하들을 인견할 때, 판윤 서필원이 자연도목장을 폐지하고 둔전 설치를 주장한 것이고, 나)는 형조판서 서필원이 강화도 매음도목장과 인천도호부 자연도 목장의 폐지를 현종에게 요청한 것이며, 다)는 자연도에 둔전을 설치하였기 때문에 그 곳의 우마를 용유도와 무의도에 옮겼음을 설명하고 있다. 가), 나), 다)를 종합해 볼 때 자연도를 강화도의 보장으로 생각한 효종의 죽음과 함께 현종 때는 군비 축소를 단행해 북벌 의지가 좌절되는 상황이 되자, 목장을 폐지하려는 현상이 나타났다고 할 수 있다. 위 사료에는 직접적으로 포함되어있지는 않지만, 자연도목장의 폐지는 곧, 그것을 사유화하려는 권력자 서필원 등이 끊임없이 자연도의 군사 기지화를 방해하고 있는 것으로 보인다.

그런데 위 사료 가)에서 "그곳에 궁궐을 설치하고 양식을 갖추어 두어 위급한 상황에 대비했다"는 것은 당시 북벌을 준비하고 있던 효종이 강화도가 적에게 점령될 경우, 자연도를 최후의 보류로 생각하였음을 뜻한다.

이 과정에서 한성 판윤이면서 훈련대장이었던 이완(李浣)은 효종의 총애를 받을 수 있었고, 나아가 이를 발판으로 판윤·판서 등의 문관직에 있으면서도 훈련대장직을 겸했다. 또한 효종의 북벌계획에 깊이 관여해 신무기 제조, 성곽 개수 및 신축 등 전쟁에 필요한 여러 대책 등을 강구하였다.

---

46) 『肅宗實錄』 卷7, 肅宗 4年 9月 乙丑.

특히 이완은 일찍이 효종과 야대할 때 두 가지를 건의하였다. 첫째, 우리나라 지세는 강화도만한 데가 없는데, 지금은 물의 흐름이 달라져 연안 일대에 모두 배를 정박할 수 있기 때문에 강화도의 동쪽·서쪽·북쪽 세 곳에 큰 성을 쌓아야 한다는 것이다. 둘째는 안흥도와 자연도 두 섬에도 관방을 설치하는 것이 좋으니, 미리 벽돌도 만들고 무기도 예비해 두고 일제히 성 쌓을 준비를 해야 한다는 것이다. 따라서 효종은 이완이 북벌의 대업을 완수할 것으로 보고 그에게 전권을 위임하였다.[47]

하지만 1659년 4월 효종이 죽고, 현종이 즉위하면서 군비 축소를 단행하면서 북벌 의지도 좌절될 수밖에 없었다. 아무튼 숙종 때 자연도목장의 폐지는 북벌 의지를 상실한 현종과 군비 축소를 희망한 서필원의 주장으로 인해 실현되었다고 하겠다.

한편으로 충훈부가 우리의 주목을 끄는 것은 충훈부가 절수한 삼목도목장의 전지를 통하여 공신들은 광범위한 경제적 혜택을 누렸다는 것이다. 충훈부는 모든 공신의 부(府)로서 동반 정1품 아문이었다. 특히 충훈부전은 충훈부 공신들의 급료와 기타 비용에 쓰기 위하여 설정한 전지였다. 따라서 조선시대 충훈부에 의해 자행된 폐목장의 겸병은 국가의 재정을 어렵게 하였고, 이로 말미암아 일반 백성들은 물질적 수탈에 신음하였다. 숙종 21년 1월에 비변사가 충훈부의 실정을 다음과 같이 보고한 것에서 그것을 알 수 있다.

비변사에서 충훈부가 삼목도를 영종진(永宗鎭)에 이속시킨 후, 그

---

47) 『肅宗實錄』卷6, 肅宗 3年 8月 戊申.

절수 권한을 위임받은 대신이 호남의 여러 고을에 절수(折受) 공문을 많이 발송하고, 또 차인을 파견하여 연해 각 고을의 선박에서 세금을 거두어들인다 하여 그 당상관을 파직시킬 것을 청하니, 임금이 받아들였다. 당상은 바로 신완(申琓)이다.[48]

위 사료의 내용이 바로 충훈부의 삼목도목장 소유 여부에 대한 저간의 사정을 설명하고 있는 것으로 보인다. 그렇다면 중종의 반대로 삼목도 폐목장을 소유하지 못한 충훈부는 언제부터 다시 삼목도 목장을 소유하였을까. 이 문제는 양란과 인조반정 및 숙종대 공신의 확대 현상에서 찾을 수가 있다.

즉, 극심한 당쟁에서 패배한 일부 공신세력이 몰락하기는 하였으나, 그 숫자는 전체 공신 숫자에 비하면 극소수에 불과하였다. 그런데 당시 공신 숫자를 증가시킨 요인은 서인이 남인을 정계에서 축출한 갑술경화(甲戌更化)[49] 이후부터였다. 다시 말해서 노론이 정계를 장악하면서 지배세력의 절수지 수탈은 서해연안의 폐목장을 넘어 호남 항구의 선박까지 확대되었다고 하겠다.

---

48) 『肅宗實錄』 卷28, 肅宗 21年 1月 丙子.

49) 숙종은 왕비 인현왕후를 폐하여 서인으로 삼고, 장희빈을 왕비로 삼았다. 이때 서인의 노·소론은 왕비폐출문제를 합심하여 반대하다가 화를 입었다. 당시 남인들은 장희빈을 앞세워 국정을 장악했는데, 숙종은 왕비를 폐한 사실을 후회하고 여러 신하의 잘못을 나무랐다. 따라서 왕은 경상도 남인들을 모두 내쫓은 후 인현왕후를 복위시키고 장씨는 희빈으로 퇴거시켰으며, 우암 송시열 일파의 관직을 다시 회복시켰다. 이것은 숙종 20년(1694) 甲戌의 일이니 甲戌更化라고 한다(李丙燾, 1987, 『韓國儒學史略』, 아세아문화사, 317~318쪽).

Ⅲ.
자연도목장의 전략적 위치

1. 자연도목장의 설치와 해방론의 전개

조선 초기 경기 서해연안의 자연도에 마목장을 설치한 것은 명나라의 마필 요구와 궁궐의 숙위군 및 지방의 군사에게 군마를 제공할 필요가 있었기 때문이다. 한편으로 자연도목장은 당시 서남해안과 육지에 출몰하여 약탈을 자행하는 왜구를 방어하는 근거지의 역할도 수행하였다.

고려 말 우왕 때 극심하였던 왜구의 침입은 그 후 점차 감소하였다. 그러나 그들의 침입은 조선 초기에도 여전히 계속되었다. 특히 이 시기에 왜구가 경기 서해연안을 침공한 회수는 70회 정도에 이른다.[50]

따라서 여기서는 먼저 경기 서해연안의 마목장 설치를 조선 전기의 경우는 남양만의 전략적 측면과 관련하여 살펴보고, 다음으로 조선 후기의 경우는 청나라를 상대로 전개한 수도방위전략의 측면

---

50) 閔賢九, 1983, 『朝鮮初期의 軍事制度와 政治』, 한국연구원, 54~55쪽.

에서 고찰하려고 한다.

조선왕조를 건국한 직후 경기 서해연안 대부분의 섬은 무인도였다.[51] 따라서 수군(선군)과 염부들이 고기를 잡아 어물을 공납하고 염조(鹽竈)에서 소금을 구워 국가에 바쳤다. 그런데 조선이 그들과 무역을 중지하자, 왜구의 침입은 더 심해졌다. 그리하여 국가는 왜구에 대한 여러 가지 퇴치 방안을 모색한바, 해방론[52]을 통해 수군의 전투력을 증강시키는 데에 역점을 두었다.[53]

특히 정종은 동왕 원년(1399) 수군에게 어염의 역을 면제하여 해방의 방어에 전력토록 하였고,[54] 태종은 동왕 원년(1401) 왜구가 남양도호부의 변경을 침범하고, 인천군의 자연도와 삼목도를 침공하여 민간의 선박 2척을 노략질 하자,[55] 자연도와 삼목도에 마목장을 설치하고 수군을 배치하여 방어에 주력하였다.

자연도의 군사적 변화는 조선 전기에 구축되었던 남양과 교동을 좌·우로 하여 책임졌던 전략적 질서가 붕괴되면서 나타났다. 즉, 좌도 수군은 남양만을 통해 한성으로 들어오는 경기 서해연안의 항로를 방어하고, 우도 수군은 교동·강화지역을 방어하도록 하였다. 다시 말해서 당시 수군의 배치를 통한 해방론은 왜구의 격퇴와 조운선

---

51) 『太祖實錄』 卷1, 太祖 1年 7月 己酉.

52) 고려의 해방론은 수군을 양성하여 왜구를 방어하는 것이다. 해방론에 대한 최초의 전략적 구상은 최영이 제안하였다. 최영은 대선 800척 등 총 2,000척의 함선 건조를 통한 대규모 수군 육성 방안을 추진하였다(『高麗史』 卷83, 志 37, 兵 3, 船軍; 卷113, 列傳 26, 崔瑩)

53) 임용한, 2009, 「조선 건국기 수군개혁과 해상방어체제」, 『軍史』 72, 65~67쪽.

54) 『定宗實錄』 卷1, 定宗 1年 1月 戊寅.

55) 『太宗實錄』 卷1, 太宗 1年 閏3月 更子.

방어였다. 영종진은 아직 남양에 있었고, 인천의 제물량은 한성으로 진입하는 항로의 길목이면서 조운선의 수로였다.

한편 고려는 최무선이 화약을 발명함으로써 수군의 전술 능력을 향상시켜 왜구를 격퇴하는 전환기를 마련하였다. 그러나 전투력 향상만으로는 경기 서해연안의 해상방어정책을 완결할 수 없었다. 해상방어정책이 성공을 거두려면, 전 해안에 걸친 해상 경계 및 방어체제를 수립해야 했는데, 이것은 혁신적인 군제개혁의 단행을 필요로 하였다. 따라서 태조~태종 때에는 수군과 육군의 협력체제를 구축하게 된다. 다수의 왜구가 공격해 왔을 때 요새를 중심으로 구원군이 올 때까지 저항하면서 수군과 육군의 협력체제를 통해 왜구의 이동과 약탈을 견제하고 묶어 둔다는 전술이었다.

그러나 당시의 해상방어체제는 여전히 수세적이며, 병선이 내륙과 주요 읍치의 보호에 묶여 있다는 단점이 있었다.[56] 『세종실록』 지리지에는 "인천군 서쪽 15리에 있는 제물량과 성창포에 수군만호가 있어서 지킨다,"는 기록이 있는데, 여기서 태종 때 설치한 제물량과 성창포는 인천 앞바다의 군사 기지로서 한양 방어를 위해 이곳에 설치한 수·륙군의 혼합 군사 기지였던 셈이다.

또한 인천 앞바다와 강화도 일대는 고려와 조선시대에 하삼도의 세곡을 서울로 운반하던 중요한 해상교통로였다. 그러므로 국가는 이들 세곡 운반을 지킬 목적으로 조선 초에 남양도호부 화양만에 경기 수영을 두고, 그 휘하에 영종진과 제물진 등 여섯 개의 군사 진지를 설치하였다.

---

56) 임용한, 2009, 앞의 논문, 92쪽.

세종은 동왕 13년(1431) 병조와 사복시 제조에게 명하여 "목장을 설치할 만한 곳을 의논해 찾아보라"고 하였다. 이에 사복시가 지난 정미년(1367: 공민왕 16)에 혁파한 목장 가운데 인천군의 용유도목장과 무의도목장은 말을 방목할 수 있다고 보고하자, 세종은 마목장 복설을 지시하였다.[57] 마침내 국가는 용유도와 무의도에 마목장을 복설함으로써, 그곳에 거주하는 수군과 염부 및 목자들의 군사력을 통해 왜구 침략을 방어할 수 있게 되었다.

2. 영종도의 진보설치와 수도방위체제의 확립

인조가 삼전도에서 항복한 직후 경기 서해연안의 수도방위체제는 남양만에서 강화도로 옮겨졌다. 그리고 숙종 때의 잦은 당쟁과 집권세력의 대토지 사유화는 정치·군사적 방면에서 새로운 현상을 창출하였고, 이것이 새로운 모순을 촉발함으로써 임란 이후 시작된 마목장의 폐지를 더욱 가속화시켰다.

남양만 중심의 방어체제가 수도 한양 중심의 방어체제로 바뀌면서 강화도 일대의 수비를 보강할 필요성이 대두되었다. 따라서 경기 서해연안의 군사기지 변화가 불가피했다. 즉, 당시 화성군 남양면에 있던 영종진이 효종 4년(1653) 지금의 영종도로 옮겨왔다. 다시 말해서 당시 자연도(紫燕島)라고 호칭했던 섬이 영종도라는 이름을 갖게 되었다. 그리고 효종 7년(1656) 제물진이 강화도로 이전함으로써 그

---

57) 『世宗實錄』 卷51, 世宗 13年 3月 壬辰.

이후 제물포는 한적하고 조그만 포구로 남게 되었다. 따라서 여기서는 강화도의 방어 전략에서 자연도(영종도)가 갖는 군사적 중요성에 대해 살펴보려고 한다.

1627년(인조 5) 1월 13일 청 태종의 주력군이 압록강을 도하한 것이 정묘호란이다. 1월 26일 인조는 제3방어선이었던 평산이 무너지면서,[58] 서대문을 나와 갑곶을 거쳐 강화도로 들어갔다. 그리고 세자를 전주로 이동시켜 삼남지방의 병력과 군량에 대한 업무를 총괄케 하였다.[59]

정묘호란 때 강도(江都)에서 40여 일의 피난생활을 했던 인조는 강도의 전략적 가치에 대해 새롭게 인식하였다. 따라서 도성으로 귀환한 인조는 강도에 10만 군사의 군량을 비축하고, 읍성과 갑곶성을 개축하며, 연해에 보루를 쌓도록 결정하였다.[60]

그런데 병자호란을 겪으면서 강도는 남한산성보다 전략적 가치가 크다는 사실이 확인되었지만, 청나라의 감시로 인해 강도 연변의 방어시설 구축은 무산되었다. 다시 말해서 청나라는 성을 수축하는 일, 군량을 비축하는 문제, 마초를 쌓아놓은 것까지 감시하는 상황

---

58) 조선정부는 1927년 1월 17일 가도의 모문룡 진영에 파견되었던 접반사 원탁과 정주목사 김진의 장계를 통해 청나라 군대의 침공을 알게 되었다. 당시 조선정부는 즉시 중신회의를 소집하여 대책을 논의한 결과, 청천강 이북에서 후금군을 저지하는 것은 불가능하다는 결론을 얻었다. 이에 안주를 중심으로 한 청천강 이남 지역을 제1방어선, 황주 일대에 제2방어선, 평산 일대에 제3방어선을 설정하여 지연전을 전개하면서. 하삼도 군사를 증강시킨 후, 반격한다는 전략을 세웠다.

59) 유재성, 1996, 『한민족전쟁통사』, Ⅲ, 국방군사연구소, 328~329쪽.

60) 이홍두, 2008, 「병자호란 전후 강도의 진보설치와 관방체계의 확립」, 『인천학연구』 9, 6쪽.

이라서 강도 연변에 포루를 쌓는 문제는 실행할 수가 없었다.[61]

정묘호란이 끝난 직후, 청나라의 재침을 예상한 인조는 경기 서해 연안의 초지·화량·영종·제물의 네 개 진보를 강도의 해변으로 이설코자 하였으나 그것을 실현하지 못했다. 그 이유는 두 가지다. 하나는 강도의 주력 병종인 보병을 수군으로 대체하기가 어려웠으며, 다른 하나는 보병을 수군으로 편제한다고 하더라도 수군 소속의 전함과 병선에 딸린 격군을 함께 움직이는 것이 쉽지 않았기 때문이다.

그런데 인조 14년(1636) 12월 13일 밤, 도원수 김자점이 장계를 올려 청군의 선봉대가 11일에 평양을 통과한 사실을 보고하자, 12월 14일 조선 조정은 종묘의 신주와 비빈·왕자·종실·백관의 가족들을 강화도로 이동시켰다. 이어서 인조도 세자와 백관을 거느리고 강화도로 떠났다.

그러나 12월 8일 압록강을 도하한 청군의 선봉대가 6일 만에 도성 외곽 양철평(불광동)에 도착하여 한성과 강화도를 연결하는 도로를 차단함으로써 인조는 급히 남한산성으로 들어갈 수밖에 없었다. 즉, 갑곶을 통과하지 않으면, 강화도에 들어갈 수 없었기 때문에 인조는 강화도 파천을 보류하고 도성으로 돌아와 남한산성으로 들어 갔다.[62] 결국 이 같은 상황이 효종대에 와서 자연도를 통과해 강도

---

61) 『仁祖實錄』卷39, 仁祖 17年 12月 辛卯.

62) 강화도 파천을 보류하고 도성으로 돌아온 인조는 훈련대장 신경진을 敦義門(서대문) 밖 모화관 일대에 배치하여 청군의 도성 진출을 저지토록 하였다. 한편 모화관 일대에 포진한 신경진은 부장 이흥업으로 하여금 기병 80여 기를 거느리고 청군을 공격하게 하였으나, 이흥업군은 양철평과 홍제원 중간의 백련산 동쪽 고갯마루에서 청군에게 전멸을 당하였다. 이때 이조판서 최명길이 난국 수습을 자원하고 나섰다. 최명길이 청군 진영으로 가서 청군의 선봉장 馬福塔(마푸다)와 회담을 하면서 청군

로 들어가는 문제가 논의되고 또
한 설득력을 갖게끔 해 주었다고
하겠다. 마침내 자연도 앞 영종
도에 진보를 설치한 다음, 이후
부터 자연도를 영종도로 호칭하
였다.

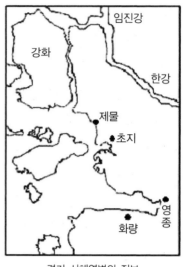

경기 서해연변의 진보

그러나 경기도 서해연변의 제
진을 강도로 옮기는 문제는 효종
원년(1650) 11월 강화도 초지진
이 있는 동쪽 해변에 각 진보 소
속의 군량 창고를 먼저 건축하기
로 결정하였다. 즉, 청나라 군대가 갑자기 재침할 경우 경기 서해안
근처의 풍덕·교하·김포·통진·인천·부평 등 여러 고을은 성이 없
기 때문에 군량과 백성들의 식량을 보존할 수가 없었다. 다시 말해서
군사가 없는 수령은 작전을 전개할 수 없는 상황에 처할 수밖에 없었
다. 따라서 군량과 백성들의 식량을 안정적으로 확보하기 위해서는
각 고을에서 가장 가까운 강도 동쪽 해변에 고을 전용의 창고를 건축
하는 방안을 모색한 것이다.[63]

한편 효종은 청나라의 내정간섭이 약화되자, 북벌을 위한 군비를

의 남하를 지연시키는 동안, 인조는 銅峴路(을지로)를 지나 水口門으로 도성을 빠져
나가 箭串(살곶이: 뚝섬)-마장리-신천-송파를 거쳐 15일 밤 10시 무렵에 남한산성
으로 들어갔다(유재성, 1996, 앞의 책, 349쪽).

63) 이홍두, 2008, 「병자호란 전후 강도의 진보설치와 관방체계의 확립」, 『인천학연구』
9, 13~16쪽.

확충하고, 강화도 중심의 수도방어체제를 추진하였다. 즉, 강화도 초지진·제물진·용진진·덕진진·인화석진·승천포진·광성보 등 연해의 7개 지역에 진보를 설치하여 남한산성과 기각지세를 이루게 하였다. 결국 효종은 강화도 연변 중심의 수도방어체제 추진을 위해 경기도 남양만의 화량·영종·초지·제물 등 네 개 진보를 강화도 연안으로 옮기고, 영종진을 강화도가 아닌 자연도(영종도)로 옮겨 설치하였던 것이다.

그러면 효종이 경기도 남양만의 네 개 진보를 강도로 옮기는 과정은 어떻게 진행되었을까. 그것은 효종 4년(1653) 3월조『비변사등록』의 내용을 통해 그 실마리를 찾을 수 있다.

> 초지만호를 옮겨 설치하는 일을 지난번 탑전에서 결정하였습니다. 그런데 신 등이 물러나와 문서를 상고하니, 경기의 제물과 초지 두 곳의 만호는 일찍이 혁파되었고 그곳에 소속되었던 수군은 신설된 철곶으로 옮겨주었습니다. 영종만호는 남양의 작은 포구 옆에 치우쳐 있어 바다와의 거리가 상당히 멀기 때문에 중요하지 않은 곳입니다. 강도로 옮겨 설치하되, 전의 호칭을 고치지 말고 그대로 감목을 겸하도록 하고 다시 형편을 살펴 그 직품을 올려주어야 할 것입니다.[64]

위 사료는 초지진과 제물진을 효종 4년 3월 강도로 이설하였으며, 영종포의 강도 이설 역시 시급함을 설명한 내용이다. 그런데 영종진은 효종 4년 3월 7일 강도가 아닌 자연도로 이설하였고, 이후 자연도를 영종도로 불렀음을 알 수 있다.

---

64)『備邊司謄錄』, 孝宗 4年 3月 己巳.

그런데 효종은 동왕 6년(1655) 1월 강화도 동쪽 연변의 진보 설치
를 적극 추진하는 한편으로 영종도의 전략적 가치에 대해 논의하였
다. 다음의 사료가 바로 그와 같은 것을 설명하고 있다고 하겠다.

> 상이 대신과 비국의 신하를 인견하였다. 강화유수 정세규도 입시하
> 였다. 상이 강도 연변에 보(堡)를 설치하는 것이 타당한 지를 신하들에
> 게 물었는데, 신하들의 대답이 각각 달랐다. 상이 이르기를, "내가 연
> 변에 보를 설치하려는 것은 강화부가 깊은 곳에 치우쳐 있고, 해변에
> 는 방비가 없기 때문이다. 유수는 관부 안에만 있으니, 갑자기 변란이
> 일어나면 대처할 수가 없다. 관부 안에 무기가 있더라도 일이 급해진
> 뒤에야 해변으로 옮기기 때문에 형세에 미치지 못한 것을 병자호란
> 때 내가 직접 보았다. 해변에 보를 설치하면 국가가 위기에 처하더라
> 도 각 보의 변장이 직접 방어할 것이니, 보를 설치하고 백성을 모집하
> 여 살게 한하면 유랑하며 할 일이 없는 백성은 반드시 응모하여 들어
> 갈 자가 있을 것이다. (중략)
> 우의정 심지원이 아뢰기를, "네 개 진을 한 번에 모두 설치할 수
> 없더라도 연미정·갑곶은 가장 요충지이니, 먼저 두 진을 설치하고 본
> 부의 장관이 본부의 군졸을 거느리게 하되, 혹 중군이라 부르거나 천
> 총이라고 부르고 항상 물가에 있게 하는 것이 또한 방비하는 도리입니
> 다" 하니 상이 이르기를, "한 진에는 본부 사람이 있고, 한 진에는 화량
> 의 군졸을 옮기는 것이 옳다"고 하였다.
> 원두표가 아뢰기를, "인천부에서 제물도까지는 7~8리이고, 제물도
> 부터 자연도 태평암까지는 10리이며 자연도부터 강도 덕포까지는 30
> 리인데, 수로가 매우 좁아서 한겨울에는 혹 얼어 막히게 되지만, 며칠
> 지나면 얼음이 녹기 때문에 오히려 경쾌선은 다닐 수 있습니다. 제물
> 포와 자연도 사이에는 작은 섬이 있는데 얼음이 녹으면 모두 다닐 수
> 있습니다. 태평암의 바다 어귀에는 30여 척의 배를 정박할 수 있고,

자연도의 둘레는 20여 리입니다. 섬 이름은 제물이고 바위 이름은 태평이라 하여 주민이 복지라고 자랑합니다." 하니, 상이 이르기를, "저들이 강도로 가는 길은 반드시 갑곶을 거쳐야 하는 줄 알 뿐이고 자연도를 통해 강도로 들어가는 것을 모르니 더욱 좋다."고 하였다.

이때 상이 중원이 오래도록 어지러운데 피폐(皮幣)만을 일삼고 눈앞의 편안한 것을 꾀하며 세월을 보낼 수 없다 하여, 성지를 수리하고 군사를 단련하여 스스로 강해지는 방책으로 삼으려 하였다. 좌우 별장을 따로 두어 금려를 나누어 거느리게 하고 친히 금중에서 사열하고, 또 삼남에 영장을 두었다. 원두표는 강화를 맡고, 이후원은 안흥을 맡고, 이시방은 남한산성을 맡고, 홍명하는 자연도를 맡아, 각자 수선하고 처치하게 하였다. 번번이 연석에 임하면 원두표 등과 강론하고 계획하되 해가 기울어도 피곤해하지 않았다.[65]

위 사료에서 효종이 강화도 동쪽 해변의 승천포·연미정을 거쳐 갑곶과 덕진포까지 네 개의 진보를 설치하고, 정포를 철곶으로 옮기려는 계획을 말하고 있다. 그런데 우의정 심지원이 네 진보 중 연미정과 갑곶을 먼저 설치할 것을 건의하자, 효종이 이에 동의하였다. 또한 원두표가 자연도를 거쳐 강도로 들어가는 새로운 길을 제시하자, 효종은 청나라가 이 길을 모르기 때문에 더욱 좋다고 하면서 즉석에서 동의하였다.

여기서 효종이 강화도 연변에 진보를 설치하려고 한 것은 변란이 발생한 다음에야 강화부의 무기와 군대를 해변으로 옮기기 때문에 형세에 미치지 못한 것을 병자호란 때 직접 체험한 사실에 기인한다.

---

65) 『孝宗實錄』 卷14, 孝宗 6年 1月 壬寅.

만약 해변에 진보를 설치하면 각 진보의 변장이 방어를 전담할 것이
고, 한편으로 백성들을 모집한 다음, 병사로 훈련시켜 수도권의 군
사력을 강화시킬 심산이었다. 결국 병자호란 이후 조선은 수도권
방어체제 확립을 위해 남양만방어체제를 강도방어체제로 전환하였
으며, 그 중심에 영종진이 있다고 하겠다.

강화도 동쪽 해변의 보루

그러면 개화기 때 영종진의 전략적 대처 능력은 어떠하였을까.
다 알다시피 일본의 근대 전함 운양호가 1875년 9월 20일 오후에
일으킨 영종진 피격사건은 일방적인 포격전이었다. 따라서 운양호
는 대단한 화력을 갖추었기 때문에 단 한 번의 공격으로 영종진은
무너졌고, 이들은 영종도에 상륙하여 방화와 살육을 자행했다.
따라서 병기가 노후한 영종진의 수군은 근대식 소총과 대포를 휴

대한 일본군에 대항했지만, 결국 패배할 수밖에 없었다. 이 전투로 영종진의 수군 35명이 전사하였고 16명이 포로가 되었다. 전투에서 승리한 일본군은 대포 36문과 화승총 130여 자루를 약탈하여 철수하였다. 그리고 일본은 이 사건을 빌미로 조선과 불평등조약을 성사시켰다.

영종진의 패배는 군제개혁의 양상으로 나타나는바, 그 구체적인 양상은 타율적인 갑오개혁과 을미개혁이었다. 특히 을미개혁은 전통적인 구식 군제의 붕괴를 전제로 하였다. 즉, 1895년 3월에 병부(兵簿)와 마패(馬牌)의 사용 중지로 군령 운영체계가 정지되면서 감영·통영·병영·수영 등이 폐지되고 친위대·진위대 등으로 개편되는 과정에서 일본과 러시아의 새 군제가 도입되었다. 다시 말해서 을미개혁에서 아무런 대안도 없이 서둘러 구식 군제를 혁파함으로써 결국 국방력의 공백 상태를 자초하여 최소한의 자위력마저 상실하고 주변 강대국의 영향력 아래 놓이게 되었다.

한편 조선 조정은 1895년(고종 32) 7월에 3도 수군(水軍)의 최고 사령부인 삼도통제영을 폐지하였다. 그리고 각 도의 병영·수영·진영·진보 폐지령이 함께 반포되었는데, 수륙군이 한꺼번에 폐지되는 이 같은 상황은 지방 군사력의 공백 상태를 의미한다.[66]

---

66) 서인한, 2000, 『대한제국의 군사제도』, 혜안, 21~22쪽.

Ⅳ.
목장 마필의 내구마·군마 제공

1. 친위병과 영진군사에게 제공한 내구마

조선왕조의 태조와 태종·세종·세조는 마목장을 적극 설치하였다. 즉, 태조 이성계는 한양천도 직후 양주도호부 전곶(箭串, 뚝섬)에 왕실목장을, 녹양(綠楊, 의정부)에 군사목장을 설치하였으며, 태종은 강화도 길상산과 경기 서해연안의 자연도·삼목도에 마목장을 설치하였다.[67] 그리고 세종은 강화도 진강목장, 부속섬의 여러 목장, 경기 서해연안의 용유도·무의도목장을 설치하였다.[68] 이밖에 전국에도 마목장을 설치하였으며, 세조는 강화도 부속섬 장봉도에 호마목장을 설치하는 한편으로 마목장의 통폐합을 실현하였다.

이 가운데 내구마(어승마)를 산출한 마목장은 태종이 제주목장의 종마 1백 필을 옮겨 설치한 강화도 길상목장, 세종이 설치한 진강목

---

67) 태종은 동왕 1년(1401)에 경기 서해연안의 자연도목장과 삼목도목장을 설치하였고, 동왕 13년(1413)에 강화도 길상목장을 설치하였다.

68) 세종은 동왕 13년(1431)에는 경기 서해연안의 용유도목장과 무의도목장을 설치하였다.(『世宗實錄』 卷51, 世宗 13年 3月 壬辰)

장과 강화도 부속섬의 신도·보음도의 호마목장,[69] 세조가 설치한 강화도 장봉도의 호마목장이 그 대부분을 차지한다.[70] 또한 국가가 각 고을에 보낸 분양마와 사복시가 직접 관장하는 수원도호부 홍원곶목장과 임진군 호곶목장에서 산출하는 유양마(留養馬)도 내구마로 사용되었다.[71]

내구마 사용을 목적으로 길러진 당시 호마의 숫자는 세종 때를 기준으로 할 때 대략 1천 필~1천 5백 필 정도였다. 이 가운데 국왕이 타는 어승마 60여 필은 궁중의 내구에서 길렀다. 그리고 국왕이 궁궐 밖으로 행행할 때는 국왕을 근접 시위하는 선전관과 내의원 및 대소 관원(大小官員) 등 수백 명에게 유양마(내구마)를 제공하였다.[72]

당시 사복시는 유양마 3백 필~6백 필을 항상 준비했는데, 세종대 중반에 6백여 필로 정점에 이르렀다. 그 밖의 왕들은 보통 유양마 3백 필 정도를 유지하였다. 따라서 사복시가 내구마 60필과 유양마 3백여 필을 항상 대기시켰다고 본다면, 여분의 내구마 숫자는 6백여 필~1천 1백여 필 정도였다. 여기서는 궁중의 어승마와 왕실목장의 유양마를 궁중의 친병과 군사들의 군마로 지급하는 문제를 고찰하려고 한다.

1388년(우왕 14) 5월 위화도회군을 단행한 이성계는 내구마 조련

---

69) 조선시대 말은 본토의 토마와 북방에서 전래한 호마로 구분한다. 그런데 삼국시대 중반 이후 중장기병이 등장하면서 체형이 큰 호마를 선호하게 되었다. 호마는 또다시 서역 아랍마계통의 달단마와 몽고마계통으로 구분한다.

70) 이홍두, 2016, 「호마의 전래와 조선시대 호마목장의 설치」, 『군사』 99, 132~134쪽.

71) 이홍두, 2018, 「조선 초기 수원도호부의 마목장 설치 연구」, 『군사』 106, 339~345쪽.

72) 이홍두, 2017, 「조선 초기 內廐의 운영과 留養馬 변동」, 『서울과 역사』 96, 111쪽.

을 담당하는 내승 50명을 남기고, 나머지 내승과 내승의 휘하 구종
을 모두 이성계의 부병으로 편입시켰다.[73] 따라서 한양천도 후에는
내사복시의 내승과 사복시가 어승마의 사육과 조련을 주도하였다.

이와 같이 내승 중심의 내구마 사육과 조련체계는 태종 8년(1408)
까지 계속되었다. 그런데 태종은 동왕 9년부터 내사복시 소속의 사
복을 내금위 등과 같이 시위를 복무케 한바, 종래의 사복과는 다른
무재를 겸비한 겸사복을 중용하면서, 겸사복이 왕실목장을 관장하
는 주체가 되었다.

세종은 태종이 궁중의 내구와 전곶의 왕실목장에서 증가한 마필
을 지방의 각 수령의 관아에 분양마로 지급하여 위탁 생산을 하였으
나 지방민들이 그 폐해에 시달리자, 분양마 제도를 폐지하고 사복시
가 직접 내구마를 사육토록 하였다. 이에 따라 설치된 목장이 수원
도호부 홍원곶목장과 양주도호부 임진현의 호곶목장이다. 당시 이
두 곳 목장의 내구마 사육과 조련은 겸사복이 담당하였다.

한편 세조는 호마의 증대를 혁신하는 방안을 마련하여 실행하였
다. 즉, 내구마로 사용하는 호마의 혈통을 보존하기 위해 호마목장
을 설치하고, 다음으로 조련하지 않는 호마는 군마로서의 가치가
없다고 하였다. 따라서 세조는 전자의 방안을 실현하기 위해 경기
임진현의 호곶목장, 강화도의 장봉도·신도목장, 충청도 태안의 안
면곶목장, 전라도 진도목장을 호마목장으로 지정하고, 여기서 얻은
새끼 말을 외부로 반출하지 않았다.[74] 특히 내사복시에서 겸사복을

---

73) 『高麗史節要』 卷33, 禑王 14年 8月.
74) 『世祖實錄』 卷5, 世祖 2年 12月 戊午.

분리하여 정식 관아로 만들고 겸사복 50명을 배속시켜 내구마 사육
을 전담시켰다.[75] 그 뒤 겸사복은『경국대전』에서 종2품의 아문이
되었고,[76] 뒤에는 겸사복청으로 불렸다.[77]

이렇게 해서 내구마의 사육과 조련을 통한 겸사복의 지위 상승은
지속적이고도 대량적으로 이루어졌다. 다시 말해서 내금위와 같은
반열의 친병아문으로 격상한 겸사복은 내구마 조련을 향상시킨 결
과 여분의 내구마를 함길도 변방 군사에게 지급할 수 있게 되었다.
특히 세조는 사복시의 내구마 10필을 창덕궁 후원에서 방목했는
데,[78] 창덕궁 후원마 제도는 이후 계속되었다.

그런데 성종 때 와서 겸사복의 시위병 역할을 축소하고, 내구마를
사육하고 조련하는 본연의 업무에 복귀시켰다. 겸사복이 내구마의
사육과 조련에 집중하는 현상은 연산군대에 와서 더욱 확대되었다.
다음의 사료가 바로 그러한 것을 설명하고 있다.

> 전교하기를, "각도의 점퇴한 역마(驛馬)는 시한까지 도로 내려 보내
> 고, 그중에서 간택된 말 1백 필을 사복시에서 맡아 기르되, 겸사복
> 50인을 택차하여 1인마다 2필을 나누어 주어 늘 타고 다니며 길들이게
> 하며, 만약 병이 나거나 죽거든 유양마(留養馬)로 충당하라." 하였다.[79]

---

75)『世祖實錄』卷34, 世祖 10年 8月 壬午.

76)『經國大典』卷4, 兵典 京官職 兼司僕.

77)『睿宗實錄』卷2, 睿宗 卽位年 11月 辛巳.

78)『世祖實錄』卷34, 世祖 10年 8月 甲午.

79)『燕山君日記』卷57, 燕山 11年 1月 壬寅.

위의 사료는 연산군이 전국의 목장에서 점퇴한 내구마 1백 필을
겸사복 50명에게 각각 2필을 주어 항상 타고 다니며 조련하게 했다
는 내용이다. 그런데 여기서 겸사복이 어승마를 조련하다가 병들어
죽으면 각 고을의 유양마로 충당하라는 국왕의 지시가 주의를 끈다.
사실 사복시가 각 고을에 보낸 분양마가 죽거나 여위거나 길들지
못하면 수령에게 책임을 물었는데, 1필이면 엄중히 추문하고, 2필이
면 한 자급을 강등하며, 3필이면 두 자급을 강등하고, 4필이면 파직
하고, 말이 죽으면 살아있는 말로 추징하였다.[80]

그러나 연산군은 겸사복이 어승마를 타고 다니며 조련하다가 변
고가 발생해도 크게 처벌하지 않았는데, 이는 겸사복에게 지급한
내구마는 사육과 조련의 권한이 생사여탈권보다 크기 때문에 나타
난 결과로 보인다.

결국 조선 전기의 경우 왕실목장(전곶목장, 홍원곶목장, 호곶목장)에
서 생산된 마필과 지방의 호마목장의 일부 마필은 궁궐의 호위병과
도성의 시위군에게 지급하였고, 각 고을에서 사육하는 분양마와 호
마목장의 일부 마필을 영진(營鎭)의 군사에게 지급하였으며 가난한
기병에게는 토마를 지급한 것으로 여겨진다. 특히 정조 즉위년(1776)
부터는 친림하는 때가 아니면 후원의 내구마 조련을 허락하지 않았
는데, 그것은 무인들이 이를 매개로 환관들과 연락하는 것을 우려했
기 때문이었다.[81]

---

80) 『續大典』 兵典 廐牧條.
81) 『正祖實錄』 卷13, 正祖 6年 4月 己卯.

2. 북방·남방군사에게 제공한 분양마

조선시대의 분양마 제도는 두 가지가 있다. 먼저 매년 전국의 목장에서는 어승마로 사용하기 위해 호마와 준마를 사복시에 바쳤다. 그런데 이때 어승마로 간택 받지 못한 마필은 각 고을에 분양마로 보냈다. 다음으로 국가가 추운 동절기에 여러 목장마를 각 고을에 분양하면, 수령이 이들 목장마를 사육하였다. 따라서 여기서는 사복시의 분양마와 동절기의 목장마가 어떻게 북방 군사의 군마로 지급되는가에 대해 살펴보고자 한다.

분양마의 용도는 크게 어승마 간택용과 각 관아에 분양하는 조습마 및 양계의 군사나 영진의 군사에게 지급하는 군마로 구분한다. 어승마를 사육하는 분양마 제도는 태종 때 처음 나타난다. 당시 궁중의 내구에서는 내구마 60여 필 정도를 사육했다. 그런데 해마다 내구마가 증가하고, 전국의 목장에서 올려 보낸 내구마가 간택되지 못한 마필의 숫자도 적지 않았다. 태종은 이들 여분의 내구마를 수용하기 위해 양주도호부 임진현의 호곶에 사복시가 관장하는 외구 설치를 지시하였으나 관료들의 반대로 무산되었다. 이에 태종은 간택에서 탈락한 내구마를 각 고을에 분양하였던 것이다.

이들 분양마는 각 고을의 성쇠에 따라 마필 숫자를 정했다. 이때 수령은 번식의 책임을 맡았고, 사복시 관원은 감독을, 관찰사는 분양마의 번식 정도를 기준으로 수령의 고과를 평가하였다.[82] 그런데 내구마를 분양하고 4년 7개월이 지난 후 각 도의 분양마 숫자가 1백

---

82) 『太宗實錄』 卷14, 太宗 7年 10月 甲辰.

94필이 되는 성과를 올리자,[83] 태종은 동왕 15년(1415) 8월부터 각 고을의 분양마 숫자를 파악하여 보고하는 제도를 확립하였다.[84]

그러나 세종은 동왕 7년(1425) 8월 호조에서 "사복시의 내구마를 각 고을 나누어 사육하는데, 세력이 약한 고을에서는 동절기의 목장 마 사육이 고역이다"[85]고 하자, 분양마 제도를 폐지하는 한편으로 동절기의 여러 목장마를 방목하게 되었다. 그런데 남쪽의 전라도와 경상도의 목장마는 그곳의 겨울이 따뜻하여 방목이 가능하여 분양 마에 대한 백성들의 사료 부담이 크게 줄었다. 그러나 경기도와 충 청도의 겨울은 추워서 동절기의 목장마 방목이 어려웠다.

따라서 세종은 동왕 18년(1436) 5월에 사복시의 분양마 제도를 두 가지 측면에서 개혁을 단행하였다. 먼저 사복시가 내구마를 직접 사육하는 것이고, 다음으로 사복시 관원에게 내구마를 지급하여 사 육하도록 했는데, 당시 이러한 마필의 숫자가 8, 90필에 이르렀다.[86]

한편 사복시는 각 고을이 조련마로 사용할 분양마를 제공하였다. 그런데 당시 이에 대해서는 국가 관료들 간에 견해가 상호 달랐다. 즉, 평안도·함길도 도체찰사였던 황보인은 한 고을의 절제사와 판

---

83) 『太宗實錄』 卷25, 太宗 13年 5月 丁亥.

84) 『太宗實錄』 卷30, 太宗 15年 8月 丁亥.

85) 『世宗實錄』 卷29, 世宗 7年 8月 戊子.

86) 사복시 관원에게 내구마를 지급한 이후, 분양마를 고의로 잃어버린 것에 대한 처벌 문제를 규정하였다. 처벌 규정은 중종 28년(1533)에 간행한 『大典後續錄』에서 법제 화하였다. 즉, 분양마를 故失하거나 수척하게 만들거나 길들이지 않은 수령은 한 필만 있어도 『大明律』의 違令 조항에 의거하여 태 50에 처하고, 두 필이면 한 자급을 강등, 세 필이면 두 자급을 강등, 네 필이면 파면하였다. 그리고 고실한 것은 살아있 는 마필로 변상케 하였다.

관이 데리고 가는 군사와 조습마의 한 달 경비가 1백여 석에 이른다
는 측면에서 조습마의 감축을 주장하였다. 그러나 의정부 대신들은
『병전등록』의 기록을 토대로 조습마를 오히려 늘리도록 주장하였다.
마침내 세종은 동왕 23년(1441) 함길도 도절제사의 요청에 따라 경성
을 도호부의 예에 의하여 군관 10인과 조습마 5필을 증액하였다.[87]

한편 세조는 각 고을의 조습마를 양계 군사에게 지급하는 매우
파격적인 조치를 취했다. 그 대체적인 방법은 종성 이북의 군사에게
조습마와 노획해 온 호마를 지급한다든가,[88] 혹은 사복시의 조습마
를 군사에게 지급하는 것 등이다.[89]

여진의 침공으로 북방의 방비가 소란스러운 당시의 상황에서 이
조치들은 대단히 실효가 있었다. 특히 병조에서 평안도 도절제사의
계본에 의거해 "도내의 조습마 10필 중 늙은 6필의 교체를 요구하
자,"[90] 세조가 이를 허락하였다. 결국 세조는 조습마의 숫자를 증액
함으로써 양계지역의 군사력을 강화시킬 심산이었다. 사실상 세조
13년 5월 16일 이시애 난[91] 때 단천 이북의 목장과 제진(諸鎭) 및
절제사의 조습마를 모두 빼앗겨서 조습마의 숫자가 크게 감소한 상
태였다. 따라서 세조가 조습마의 관리에 집중할 수밖에 없었던 소이
가 여기에 있다.

조습마를 양계지역의 군사에게 지급하는 경우와 함께 영진(營鎭)

---

87) 『世宗實錄』 卷92, 世宗 23年 4月 乙亥.
88) 『世祖實錄』 卷23, 世祖 7年 2月 甲戌.
89) 『世祖實錄』 卷25, 世祖 7年 8月 乙亥.
90) 『世祖實錄』 卷30, 世祖 9年 1月 乙未.
91) 『世祖實錄』 卷42, 世祖 13年 5月 庚辰.

의 군사들에게 군마로 지급하는 경우도 많았다. 오히려 전자보다 후자가 보다 광범하게 이루어졌을 것으로 보인다. 이것은 세조가 서북면 4군을 폐지한 후 조습마를 분양할 고을이 없었다는 점에서 충분히 짐작할 수가 있다. 특히 영진의 군사에게 군마로 지급한 조습마는 사복시가 각 고을에 보낸 분양마와 여러 목장마를 군마로 지급하는 경우를 통해 이루어졌다. 다음의 사료가 그 해명의 실마리를 제공하고 있다.

　가) 전교하기를, "만약 양계에 군마가 부족하면 더 들여보내야 하는데, 여러 고을의 분양마가 얼마나 있는가? 사복시가 조사하여 보고토록 하라."고 하였다. 승정원에서 아뢰기를, "현재 민간에는 말이 매우 귀하고, 여러 섬의 목장마가 저절로 늙어서 죽기 때문에 야수와 다를 바가 없다고 합니다. 만약 이 말을 금위영 군사들에게 나누어 준다면 유사시에 동원할 수 있으며, 민간의 말도 많아질 것이니, 민간의 말은 곧 국가의 말입니다." 하였다. 전교하기를, "말을 점고하러 가거든 많이 찾아 오도록 하라"고 하였다.[92]
　나) 좌의정 유순정 등이 의논드리기를, "각도의 목장마 중에 탈 만한 것을 골라내어, 각도 각 고을의 크기를 분간하여 큰 고을은 2필, 작은 고을은 1필씩을 분양하여 훈련시켜 유사시에 동원토록 준비하소서. 분실하면 말로써 받고 길들이지 못하면 수령을 파직하며, 사복시에서도 따로 1백 필을 골라서 키우며 길들이게 하소서" 하니, 전교하기를, 아뢴 대로 하라"고 하였다.[93]
　다) 영사 정광필이 아뢰기를, "각도에 매년 점마관을 보내는데, 그때

---

92) 『成宗實錄』 卷262, 成宗 23年 2月 甲辰.
93) 『中宗實錄』 卷16, 中宗 7年 6月 乙巳.

각도의 목장에서 좋은 말 15필 정도를 골라서 수·병영 및 각 고을에
나누어 주어, 따로 기르고 조련하여 감사로 하여금 간택하여 봉진케
하면, 민폐도 제거되고 국사에도 도움이 될 것입니다. 신이 늘 이런
생각을 하는데 이제야 아룁니다." 하니, 상이 이르기를, "백성의 폐단
이 과연 크다. 오늘 의득할 때 묻겠다."고 하였다.[94]

위 사료 가)는 여러 목장마를 서울의 금위영 군사에게 지급하여
유사시에 대비하도록 주장한 내용이고, 사료 나)는 좌의정 유순정이
여러 목장에서 탈 수 있는 마필을 골라낸 다음, 고을의 크기에 따라
큰 고을은 2필, 작은 고을은 1필을 분양하여 조련하되, 분양마를 조
련하지 못하면 수령을 파직하고, 사복시가 직접 1백 필의 군마를
조련할 것을 주장한 내용이다. 사료 다)는 영사 정광필이 여러 목장
을 시찰할 때 준마 15필 정도를 수영과 병영 및 각 고을에 분양하여
조련한 다음, 관찰사에게 간택하여 봉진케 하면 국가에 이익이 된다
고 설명하고 있다. 가), 나), 다)를 종합하면, 여러 목장마가 분양되는
통로의 다양화와 함께 목장마가 도성의 금위영 군사와 각 고을의
관아 및 지방의 수영과 병영에 분양되는 과정을 알 수가 있다.

그러나 무엇보다도 우리의 주목을 끄는 것은 전국의 각 목장에서
길들이지도 않고 늙어가는 목장마였다. 성종대부터 시작된 대립제
(代立制) 실시, 중종대 말 값의 급등, 명종대 제승방략제의 적용은
기병의 군마 소유를 어렵게 하였고, 이 때문에 국가는 군사적 위기
에 직면하였다. 따라서 관료들은 여러 목장의 조련하지 않은 마필을

---

94) 『中宗實錄』 卷22, 中宗 10年 8月 乙卯.

군사들에게 지급하여 조련하도록 제안하였다.

분양마의 조련은 두 가지 형태로 이루어졌다. 하나는 각 고을에서 직접 분양마를 조련하는 경우이다. 즉 분양마의 조련은 매달 정해진 날에 찰방이나 수령 관할지역의 각 진의 군사가 담당하였다. 특히 감사와 병사는 수령의 분양마 조련 유무를 고찰하여 중앙에 보고하였다.[95] 다른 하나는 양계지역의 군사에게 지급한 군마의 조련이다. 평안도와 함길도는 방어가 가장 긴요한 지역이었으나, 군사들이 가난하여 군마를 마련하지 못한 경우가 많았다. 따라서 세종은 동왕 22년(1440) 여러 목장의 체구가 작고 하자가 있는 말을 군사들에게 지급하고, 사복시의 내구마도 제공하였다.[96] 그렇다고 모든 양계지역의 군사들에게 내구마를 지급할 수도 없었다. 이 같은 상황에서 세종은 동왕 25년(1443) 평안·함길도에 부방하는 빈궁한 군사를 상대로 늙은 군마를 사복시의 내구마 2백 필과 교체하였다.[97] 결과적으로 조선 전기의 왕실에서는 전투력은 출중하나, 군마를 구할 능력이 없는 양계의 토병에게 내구마를 제공함으로써 국방에 기여했다고 하겠다.

한편 목장마를 양계 군사들에게 주어 조련하는 것은 중종대에 이르러 사회의 일반적 현상이 되었다. 또한 분양마를 차출하는 목장도 양계지역에서 전국의 목장으로 확대되었다. 이 같은 사실은 다음의 사료를 통하여 어느 정도 감지할 수 있다.

---

95) 『中宗實錄』 卷61, 中宗 23年 4月 丁巳.
96) 『世宗實錄』 卷90, 世宗 22年 8月 癸酉.
97) 『世宗實錄』 卷101, 世宗 25年 7月 丁丑.

사복시 제조가 아뢰기를, "지금 계산하건대, 평안도의 목장에는 3년
생 상마[雄馬] 55필과 2년생 상마 1백 75필이고, 황해도 목장에는 3년
생 상마 20필과 2년생 상마 1백 필이고, 경기의 목장에는 3년생 상마
1백 필이고, 충청도 목장에는 2년생 상마가 50필이므로 총 5백 필인데,
청컨대 점마 별감으로 하여금 어승에 대비할 만한 것을 골라내고, 그
나머지는 모두 평안도에 보내어 군사들 가운데 말이 없는 자에게 1필
씩 나누어 주고, 3년이 지나면 교환하여 받도록 하되, 그대로 관에서
받기를 원하는 자는 허락하여 주며, 만약 고의로 말을 잃어버린 자는
본색에 준하여 징수하여 낙인을 찍고 돌려주도록 하소서." 하니, 임금
이 그대로 따랐다.[98]

　위 사료는 평안도·경기도·충청도 마목장의 2~3세 마필이 총 5
백 필이며, 그중 어승마로 간택된 내구마를 제외한 나머지 마필을
평안도의 군마가 없는 군사에게 1필씩 지급하되, 3년이 지나면 국가
에 반납한다는 내용이다. 여기서 어승마로 간택된 내구마를 1백여
필로 추정한다면, 평안도 군사에게 지급할 수 있는 마필은 4백여
필이 되는 셈이다. 그런데 군사에게 지급하는 군마의 나이를 2~3세
의 수말로 한정한 것이 주의를 끈다. 이는 군사들이 직접 생마를
조련하는 주체였음을 알 수 있다.

　중종 4년 5월 25일, 대사간 최숙생이 "전국의 목장마를 군사들에
게 주고 조련케 하여 길이 잘든 말은 내구마로 쓰고 그 나머지는
모두 군사에게 지급할"[99] 것을 주장한 것을 통해서도 군사가 직접

---

98) 『世祖實錄』 卷33, 世祖 10年 7月 庚申.
99) 『中宗實錄』 卷8, 中宗 4年 5月 丙辰.

군마를 조련한 사실을 알 수 있다. 처음에는 양계지역 군사들만 목
장마를 지급하였으나, 시간이 지나면서 양계지역에서 전국으로 확
대되었다.

사실, 전국의 목장마를 길들이지도 못하고 늙어가는 것은 사회
·군사적 문제였다. 중종이 영사 정균을 인견한 자리에서 "말이 목장
에서 번식하더라도 무익하니, 변방군사들에게 군마를 지급한다면
방어에 도움이 될 것이다"고 하였다. 이에 권균이 평안도의 모든
방수군에게 줄 수는 없고 무재가 특이한 사람을 가려 지급할 것을
주장하자, 중종은 평안도만이 아니라 전국의 각 목장에서 군마를
뽑아내라고 하였다. 이에 권균이 성종조에서도 목장의 생마를 군사
들에게 길들이도록 했었다"[100]고 하면서 중종의 견해를 지지하였다.

한편 목장마를 군사들에게 지급하는 경우와 함께 동·서반의 관
료들이 소유한 품마(品馬)[101]를 지급하는 일도 있었다. 이것은 성종
때 4만 필의 말이 중종 때 2만 필로 감소하였다는 점에서 충분히
짐작할 수가 있다. 군사들에게 품마를 지급하는 현상은 을묘왜변과
임진왜란 및 병자호란의 시기를 지나면서 더욱 확대되었다.

그런데 품마 지급의 시작은 명종 10년 을묘왜변 때였다. 당시 국
가는 갑자기 군사를 징집했는데, 군사들에게 지급할 말이 없어 민가
의 말을 수색하여 지급하자, 백성들의 원성이 컸다. 이에 국가는 이
듬해 동반의 참의 이상과 서반의 2품 이상에게 각각 말 1필씩을 내
게 하여 무재는 있으나 말이 없는 군사들에게 품마를 주어 조련토록

---

100) 『中宗實錄』 卷56, 中宗 21年 1月 丁酉.
101) 국가 비상시에 말이 부족하면 品階에 있는 관리들에게 부과하여 납부하게 한 마필.

하였다. 그 말을 타고 전쟁에 참여하여 공을 세우면 상으로 주고,
공을 세우지 못하면 사복시에 반납토록 하였다.[102]

---

102) 『明宗實錄』 卷20, 明宗 11年 3月 丁卯.

제3장

강화부의 마목장 설치와 운영

I.

본섬 마목장의 설치운영과 마목장의 유래

1. 강화도 본섬의 마목장 설치

전쟁에 기마전이 도입되면서 군마의 중요성이 강조되었고, 이에 따라 국가는 양마를 확보하기 위해 전국에 마목장을 설치하였다. 특히 조선 건국 직후 경기도 서해연안에 위치한 강화도가 명마 산출의 고장으로 알려진 것은 태종이 처음 강화도에 마목장을 설치하였고, 세종이 부왕의 마목장 설치 확대정책을 계승한 데에 기인한다.

대륙의 원·명왕조교체가 이루어진 직후 명나라가 제주도 마목장을 소유하려는 야욕을 보이자, 조선의 군마 생산은 큰 위기를 맞았다. 따라서 태종은 제주 말을 가까운 진도에 분산시키는 한편으로 군마의 수송이 용이한 강화도에 길상목장을 설치한 다음, 제주도목장의 종마 1백여 필을 방목하면서 강화도 전 섬의 목장화를 추진하였다.

세종은 태종의 정책을 계승하여 동왕 7년(1425)에 말 1만 필을 방목할 수 있는 진강목장을 설치하였고, 동왕 9년(1427)에는 길상·진강의 두 목장을 합쳐서 담을 쌓았다. 그러나 세종이 추진한 강화도

전 섬의 목장화 정책이 관료들의 반대로 무산되자, 강화도 부속섬에 마목장을 설치하는 것으로 정책을 전환하였다.

세조는 동왕 2년(1456)에 길상·진강·중장(中場)의 세 개 마목장을 하나로 통합하여 마목장 운영체계를 확립하였다. 강화도에 마목장의 설치는 일반 백성들의 토지를 축소하는 문제를 일으켰는데, 이것은 조선 후기에 이르러 강화도 마목장의 폐지를 주장하는 근거로 작용하였다.

그동안 조선시대 강화도 마목장 연구는 마정사의 일환으로 검토하였다.[1] 따라서 여기서는 먼저 강화도 마목장의 설치의 시점을 밝히고, 강화도 전 섬의 목장화 정책을 사민론(徙民論)과 축장론(築墻論)을 중심으로 설명해 보려고 한다. 다음으로 강화도 부속섬의 마목장 설치와 호마 생산에 대해 검토하고, 호마의 군사적 우수성에 대해 살펴보려고 한다. 마지막으로 강화도 마목장의 폐지 문제를 군마의 생산 감축과 관련하여 고찰할 것이다.

태종은 제주목장에 대한 명나라의 끊임없는 간섭과 제주목장의 마필 운송이 곤란하다는 점을 들어 강화도 전 섬의 목장화 정책을 추진하였다. 그리고 세종은 태종의 전 섬에 마목장을 설치하는 정책을 계승코자 하였다. 그러나 조정 중신들은 세종의 사민론과 목장에 담을 쌓고 살게 하자는 축장론으로 나누어 6년간 대립하였다. 세종

---

1) 특히 南都泳의 다음과 같은 연구 성과가 주목된다. 여기서는 조선시대 강화도 마목장에 관한 문헌자료와 고고학 자료가 종합적으로 검토되었고, 기본적인 이해를 얻을 수 있었다. 남도영, 1996, 「목장의 발달」, 『韓國馬政史』, 한국마사회 마사박물관, 359~453쪽. 남도영, 1969, 「朝鮮時代 濟州島牧場」, 『韓國史研究』 4. 南都泳, 1993, 「朝鮮時代 말 需給問題」, 『향토서울』 53.

은 대부분의 관료들이 사민론을 반대하자, 주변의 부속섬에 마목장을 설치하였다.

세조는 즉위 초부터 마목장 설치에 따른 대립·갈등의 문제를 해결하기 위해 목장을 통합하는 한편으로 새로운 목장 건설을 추진하였다. 그러면 서해연안의 강화도가 어떻게 말의 명산지가 되었을까. 그 시대배경부터 알아보자.

조선정부는 국초부터 명나라의 무리한 군마 요구에 직면하여, 그 말들을 주로 제주도목장에서 공급하였다.[2] 그런데 태종 13년(1413) 7월 북경에서 돌아온 사신이 "제주목장은 본래 원나라의 소유이기 때문에 중국으로 옮겨야 한다."는 명나라 조정의 제주목장 탈취 계획을 보고하였다.[3] 따라서 태종은 제주목장의 말을 진도와 강화도로 옮길 예정이었으나, 진도는 무산되고 강화도로 제주 마필 1백여 필을 옮겼다.[4]

강화도 길상산에 마목장의 설치를 시작한 지 1년 6개월이 지난 동왕 15년(1415) 1월 21일, 둘레 6만 7천 1백 43척(尺)의 새로운 길상목장을 완성하였다. 하지만 마목장의 설치공사는 작업에 참여하는 목자들이 한 번 목자의 신분으로 정해지면, 종신토록 면역을 면할 수 없다는 두려움에서 40여 호가 이산하는 문제가 발생하였다.

---

2) 南都泳, 1996, 앞의 책, 429쪽.

3) 『太宗實錄』 卷26, 太宗 13年 7月 乙未.

4) 태종은 호조참의 金廷儁을 제주에 보내 양마 1백 여 필을 추쇄한 다음, 그 말들을 사복시의 건의에 따라 강화도 길상산에 방목하였다. 이때 말 10필을 한 屯으로 삼아 牧子 두 명을 배정하고 주위에 담장을 둘러 말이 도망하지 못하도록 했다(『太宗實錄』 卷26, 太宗 13年 7月 癸巳; 『太宗實錄』 卷26, 太宗 13年 8月 己巳).

이에 태종은 강화도민 전부를 이주시켜 섬 전체를 목장으로 한다
는 계획을 세우고 조정 관료들을 설득하기 시작하였다. 당시 태종의
논리는 다음 몇 가지로 정리할 수 있다.

첫째는 말을 사육하는 입지조건이 제주도보다 좋다는 것이고, 둘
째는 제주도 목장에 대한 중국의 끊임없는 간섭이 부담스러웠으며,
셋째는 제주목장의 말을 육지로 반출하는 것이 어렵다는 것이다.[5]
특히 태종이 호조판서 박신(朴信)에게 "강화도 전체를 목장으로 한
다면, 국가에서 필요한 말을 쓰고도 여유가 있을 것이다"라고 한
사실은 태종이 제주목장의 말 전체를 강화도로 옮기려는 의지가 확
고했음을 시사한다.[6]

태종은 동왕 17년(1417)까지 강화도 본 섬의 길상목장과 부속 섬
의 매도목장을 운영하여 마필 1천 2백여 필을 얻었다. 특히 강화
부사를 감목관에 겸임시켜 말의 생산을 독려한 결과였다.[7] 세종 5년
(1423) 당시 경기우도 7개 목장[8]에서 목축한 총 마필수가 1천 6백
42필이었던 것과 비교하면, 태종은 2년 만에 마필 숫자를 크게 증가
시켰다고 평가할 수 있겠다.

한편 세종은 동왕 7년(1425)에 진강목장을 설치하기 시작했다. 마
목장 설치는 한성 부윤 김소(金素)와 제주 출신의 대호군 고득종(高得
宗)이 주도하여 1만 필을 방목할 수 있는 진강목장의 견적을 올렸

5) 『太宗實錄』 卷29, 太宗 15年 1月 庚申.

6) 이홍두, 2014, 「조선시대 강화도 마목장의 치폐와 전마의 생산」, 『군사』 93, 109쪽.

7) 『太宗實錄』 卷33, 太宗 17年 6月 戊子.

8) 京畿 右道 7개 목장은 임진의 無知場과 강화의 鎭江場·北一場·吉祥場·煤島場·
注文島場·信島場이다.

다.[9] 이들은 다만 강화도는 겨울에 풀이 마르므로 건초를 별도로 준비해야 한다.[10]는 조건을 제시하였다.

세종은 이 문제를 병조에 물었는데, 그때 병조가 목장에 담을 쌓는 것은 각 고을에 분담시키고, 겨울에 먹일 목초는 각 포구의 영선군이 준비토록 하며, 목장 안에 거주하는 338호는 이주와 정착을 자유롭게 하도록 건의하였다. 세종이 이를 승인함으로써 공사를 시작하여 마침내 둘레 60리 규모에, 1만 필의 말을 기를 수 있는 진강목장을 완성하였다.[11] 그러나 목장 안의 민호는 내년(세종 8년, 1426)) 10월까지 이주토록 결정하였다.[12]

이어서 세종은 동왕 9년(1427)에 길상목장과 진강목장의 두 목장을 합쳐서 담을 쌓는 작업을 진행시켰다. 이때 조정 관료를 파견해서 기초 작업을 먼저 진행한 뒤에[13] 돌담을 쌓게 했다. 돌담은 두 목장 근처의 선군을 6월~8월까지 사역시켜 둘레 1만 5천 6백 척(尺)의 목장을 완성하였다.[14] 그러나 목장 내에 백성들이 여전히 경작을 계속하고, 겨울용 건초가 부족한 관계로 말을 자유롭게 방목할 수 없었다. 따라서 세종은 목장 안의 백성들을 모두 이주시켜 강화도 전체를 목장으로 하는 작업을 추진하였다.

---

9) 강화부 경내에서 목장으로 적당한 곳은 남쪽의 진강에서 대청포까지 1만 1천 6백 尺이고, 서쪽으로 巾冬乙浦까지 5천 8백 척인데, 그 사이에 목장을 만들면 둘레 60 리의 목장이 되므로 1만 필을 방목할 수 있다고 보았다.

10) 『世宗實錄』 卷30, 世宗 7年 11月 癸卯.

11) 앞의 주와 같음.

12) 『世宗實錄』 卷30, 世宗 7年 11月 辛亥.

13) 판서 成達生, 상호군 고득종, 소윤 趙惠가 강화부를 살피고 돌아와서 보고를 올림.

14) 『世宗實錄』 卷37, 世宗 9年 8月 丁卯.

그러면 조정 관료들이 사민론과 축성론으로 편을 지어[15] 6년간 다섯 차례 대립했던 상황을 짚어보자.

첫 번째는 세종 9년 8월 경기 감사가 세종에게 목장에 담장을 쌓을 군사의 숫자와 기일에 대해 보고하면서 시작되었다. 이때 세종은 일전에 판부사 최윤덕이 "강화도는 물과 풀이 많아 말을 방목하기에 최적의 장소이기 때문에 그곳 백성들을 다른 고을로 옮기는 것이 옳다"는 사민론을 앞세워 강화도 전 섬의 목장화를 관철시키려고 하였다.

그러나 판서 성달생이 강화부의 입지조건은 말을 목축하는데 유리하지만, 전지(田地)로도 가치가 있기 때문에 담을 쌓는다면, 굳이 섬 안의 백성들을 이주시킬 필요가 없다고 하면서 반대 의견을 냈다. 그리고 의정부와 육조도 성달생이 주장한 축성론이 옳다고 하면서 지지를 표명했다. 그러나 세종은 마정이 국가의 안위가 걸린 문제임을 명분으로 추수가 끝나는 즉시 백성들을 옮기겠다고 하면서 강력히 밀어붙였다.

그런데 세종은 사민론을 관철시키려면 두 가지 난제를 해결해야 했다. 하나는 우의정 맹사성(孟思誠)과 판서 허조(許租)가 강화도는 바다의 요해지로서 장차 왜구 등의 침입에 대비할 것을 주장하면서 축성론을 지지한 것이고, 다른 하나는 농사철에 담장을 쌓으려고 군사 1천 7백 명을 동원한다면, 씨를 뿌리는 시기를 잃게 된다는 것이다. 세종은 강화도민 3백호를 강제로 이주시키려고 하였으나, 관료들의 반대로 결론을 내지 못하고, 호군 곽정(郭貞)을 강화부에

---

15) 『世宗實錄』 卷37, 世宗 9年 8月 辛巳.

보내 다시 살피도록 하는 선에서 백성들의 이주를 미루었다.[16]

두 번째는 세종이 마목장의 확장 문제를 동왕 14년(1432) 2월 15일 신료들과 정사를 보면서 제기하였다. 당시 세종은 강화도 마목장을 확장하는 이유를 선왕인 태종이 제주 말들을 강화도로 모두 옮기지 못한 것에서 찾았다. 그러나 명나라가 언제 제주목장을 이전할지 모른다는 불안감 때문에 서둘러 강화도 목장을 완성코자 하였다.

세종은 일전에 성달생을 강화도에 보내 입지 조건을 조사케 한바, 말 1만여 필을 기를 수 있다는 보고를 받고 사민(徙民)을 대신들과 의논하였다. 그런데 대신들이 모두 실행할 수 없다고 하자, 판사 고득종을 재차 강화도에 보내 조사한 결과 말 1백 여 필만 방목할 수 있다는 보고를 받았다. 따라서 세종은 똑같은 사안을 두고 이와 같이 서로 다르게 말하는 관료들을 크게 불신하게 되었다.

세 번째는 세종 14년 3월 17일, 최윤덕과 신상이 강화부의 목장을 살펴보고 돌아와서 "겨울이 오면 곡초(穀草)와 마구(馬廐)를 준비해야 하므로 마장을 확장하지 말 것을" 주장하였다. 이로써 추수가 끝나면 백성들을 동원하여 마장을 쌓고자 했던 세종의 생각은 무산되었다. 그러나 이틀이 지난 동년 3월 19일 예조 판서 신상을 인견한 자리에서 강화부가 목장으로 적합한지의 여부를 하문함으로써 네 번째 논의가 시작되었다.

　가) 임금이 예조 판서 신상에게 말하기를, "태종이 일찍이 말씀하시기를, '강화의 목장은 물과 목초가 다 풍족하여 제주와 다를 것이 없

---

16) 『世宗實錄』 卷37, 世宗 9年 8月 辛巳.

다.' 하셨다. 경이 가서 살펴보았으니, 그 물과 목초의 많고 적음과
지형의 편리함과 불편함이 어떠하던가." 하니, 신상이 대답하기를, "신
이 최윤덕과 함께 3일 동안을 체류하면서 되풀이하여 살펴보았으나
전일에 들은 것과는 다릅니다." 하였다. 임금이 말하기를, "그 땅이
경작할 수 있는 까닭으로 나는 말을 방목하는 것이 온당하지 않다고
생각한다." 하니, 신상이 아뢰기를, "말에 대한 정사는 군국의 큰 일입
니다. 만약 목장으로 적당하다면, 비록 몇 리 되는 땅을 버린들 어찌
해될 것이 있겠습니까. 더군다나 강화는 수도와의 거리가 멀지 않아서
사복시의 관리들이 왕래하면서 살펴보기에도 편리할 것입니다. 그러
나 신이 본 바로는 물과 목초는 좋다고 할 수 없습니다." 하였다.[17]

나) 임금이 또 말하기를, "정연의 말에, '강화 목장에 들여 놓아 기르
는 말은 본래 1천 7백여 필이었지만, 지난해와 올 해에 죽은 말이 거의
60필이나 된 것은 다름이 아니고 겨울철에 먹을 것이 없어서 그런
것이니, 매년 겨울철에 들거든 마땅히 목장 밖에 방목하여 혹은 벼
뿌리를 먹게 하고, 혹은 보리뿌리를 먹게 하여 늘 배부르게 하면, 죽기
에 이르지는 않을 것입니다.'고 하였는데, 이 의견이 어떠하냐." 하니,
모두가 아뢰기를, "목장 밖으로 방목하여 보리밭을 짓밟고 물어뜯게
한다면 민원이 적지 않을 것이오니, 신 등의 생각으로는 목장에 방목
하는 숫자를 줄이고, 혹은 가까운 고을로 분양하여 기르게 하든지, 혹
은 군관들에게 내려 주게 하소서." 함으로, 임금이 말하기를, "장차
다시 의논하여 결정하자." 하였다.[18]

강화부에 다녀온 신상의 보고는 두 가지다. 먼저 강화도는 물과
목초가 적어서 말을 기르기에 적당하지 않지만, 한편으로 수도 한양

---

17) 『世宗實錄』 卷55, 世宗 14年 3月 戊寅.
18) 『世宗實錄』 卷58, 世宗 14年 10月 丁酉.

과 거리가 가까워 국가가 위기에 처할 때 신속히 이동시킬 수 있다는 것이고, 다음으로 중신들은 강화도 마목장의 말들이 겨울을 지나면서 죽게 됨으로 그 말들을 이웃 고을과 군관들에게 분양할 것을 제안하였다.

다시 말해서 세종이 강화도는 말을 기르는 입지조건으로 보면, 제주보다 낫다는 태종의 말을 인용하면서까지 강화도 마목장을 확장시키려 했지만, 중신들이 월동문제와 관련해 반대함으로써, 세종이 주장했던 강화도 마목장 확장이 무산되었다고 할 수 있다.

아무튼 세종은 강화도가 경작할 수 있는 땅이므로 말을 방목하는 것이 옳지 않다는 것을 인정한 셈이다. 그런데 이것은 이틀 전에 사민론의 입장에서 강화도 마목장을 확장하려고 주장한 것과는 사뭇 달라진 모습이다.

한편 신상도 강화도가 물과 목초는 좋지 않지만, 서울과 가까워 관리하기가 편리한 사실을 인정했는데, 이는 세종의 마목장 확장을 적극 반대하던 주장과는 달라진 모습이어서 주목된다. 세종의 이러한 심경 변화는 강화도 본 섬의 마목장 확장을 포기한 대신 강화도 부속섬에 마목장을 설치하려고 구상한 것과 관련이 있다고 하겠다.

4차 논의가 있었던 7개월 후, 세종은 동왕 14년(1432) 10월 12일 황희 등 대신을 불러 5차 논의를 시도하였다. 세종은 정연(鄭淵)이 겨울에는 풀이 없어서 말이 죽었는데, 겨울동안만 담장 밖에서 방목한다면, 말들이 죽지 않을 것이라고 보고한 내용을 언급하면서 사민론에 의한 마목장의 확장을 거듭 촉구했다. 사실 정연의 이러한 보고는 앞서 최윤덕과 신상이 월동문제로 반대한 것의 해결책이라는 점에서 기대가 컸다. 그러나 대신들은 목장 밖에서 말을 방목할 경

우, 보리밭을 망치는 등 민원이 제기될 것이기 때문에 말을 민간에
분양할 것을 건의함으로써, 세종이 주장한 강화도 본 섬의 마목장
확대정책은 결론 없이 끝났다.

한편 세조는 직위하자 곧, 강화도 본섬 마목장의 문제 파악을 서
둘렀다. 그리고 동왕 2년(1456) 진강목장·중목장(中牧場)·길상목장
을 하나로 통합하는 조치를 취했다. 당시 강화부 마목장의 운영상의
문제를 경기우도 점마별감 조청로는 다음과 같이 요약하여 설명하
고 있다.

> 경기우도 점마 별감 조청노가 아뢰기를, "강화부의 진강·중장·길
> 상의 세 목장은 연하여 설치한데다 각각 목책을 설치하여 한격하게
> 하니, 해마다 부역이 그치지 아니하고, 말이 경계를 넘어 달아나면 서
> 로 섞이어 목자도 구별하지 못하므로 송사가 끊이지 않습니다. 청컨대
> 세 목장을 한 개로 통합하소서." 하니, 명하여 병조에 의논하게 하였는
> 데, 병조에서 계본에 따라 시행하기를 청하자 그대로 따랐다.[19]

위 사료는 세조가 세 목장을 하나로 통합한 결과 목책 설치로 인
한 부역의 폐단과 말이 경계를 넘어 달아나는 문제를 해결함으로써
목자간의 대립이 해소하는 등 운영체계가 개선되었음을 설명하고
있다. 위 사료에는 나타나지 않았지만, 세 목장을 통합한 목장의 명
칭은 진강목장으로 하였다.

그리고 세조는 동왕 3년(1457)에 마니산 서쪽 장곳 일대에 북일목

---

19) 『世祖實錄』卷3, 世宗 2年 2月 己酉.

장을 설치하였다.[20] 따라서 세조의 마목장 통합정책에 따라 세조
이후 본섬의 마목장은 진강목장과 북일목장의 두 개 목장체제로 운
영되었다.

2. 강화도 부속섬의 마목장과 호마 생산

태종이 강화도 본섬의 길상목장을 설치했다면, 세종은 진강목장
·중목장·길상목장을 설치하였고, 동왕 9년(1427)에는 진강목장과
길상목장을 합쳐서 담을 쌓았다. 또한 부속섬에 설치한 마목장은
매음도목장·신도목장·장봉도목장·주문도목장·보음도목장·위도
목장 등 6개가 있다. 이 가운데 매음도목장이 고려 때 설치하였으므
로 세종대 설치된 부속섬 마목장은 5개가 되는 셈이다. 그리고 미법
도목장은 성종 때 설치되었다. 따라서 여기서는 강화도 부속섬 마목
장의 설치와 부속섬의 호마목장에 대해서 고찰하려고 한다.

강화도 부속섬의 마목장은 총 16개다.[21] 그러나 상황에 따라 마
목장의 치폐가 수시로 이루어진 것을 고려하면, 실제 운영된 마목장
수는 16개보다 적었다.[22] 다음의 사료가 각 목장의 연혁에 대해 설

---

20) 北一牧牧場의 설치 연대는 전하는 것이 없다. 그러나 『世祖實錄』 卷3, 世祖 3年
  9月 戊辰條에 목장의 명칭이 처음 전한다.
21) 『조선왕조실록』에서는 강화도 본섬 마목장의 치폐에 대한 기록을 자세히 남겼다.
  그러나 부속섬 마목장의 치폐 기록은 남기지 않았다. 따라서 그 명칭이 처음 확인된
  시점을 설치 연대로 본다면, 세종대 6개, 성종대 1개, 선조대 1개, 숙종대 1개, 영조대
  5개, 고종대 2개다.
22) 성종 이후 새로 건설한 마목장은 선조대 居乙島牧場, 숙종대 松家島牧場, 영조대에

명하고 있다.

가) 강화부의 서쪽 수로 2리에 매도(煤島: 옛날 仇音島)가 있는데, 둘레는 60리고, 국가의 말 3백 27필을 방목한다. 목자 7호(戶), 수군 16호를 들여보내 소금을 구워서 살게 했다.[23]

나) 강화부 동쪽 60리에 신도(信島)가 있다. 둘레가 30리인데, 국가의 말 30필을 방목한다.[24]

다) 강화부 남쪽 30리에 장봉도(長烽島)가 있다. 둘레가 40리고, 너비가 5리며, 소를 방목하는데, 통진현에서 관장한다.[25]

라) 송가도(松家島)는 교동현 남쪽 수로 5리에 있다. 동서가 2리고, 남북이 1리 반이며, 간전(墾田) 4결이 있다. 목자 2호가 살며, 조수가 물러가면, 매도의 말이 스스로 왕래한다.[26]

마) 강화부 서쪽 30리에 보음도(甫音島)가 있고, 둘레는 40리며, 밭 106결이 있다. 그런데 우도(右道) 수군부대의 밭이므로 교동의 수군 8호가 들어가 산다. 옆에 작은 섬이 있는데, 길이가 5리, 너비가 2리며, 밭 5결이 있는데, 교동의 수군 4호가 들어가 산다.[27]

바) 강화부 서쪽 수로 7리에 주문도(注文島)가 있는데, 둘레가 30리이다.[28]

今音北島牧場, 矢島牧場, 席毛老島牧場, 乬島牧場, 西檢島牧場이 있고, 고종대에는 東檢島牧場, 茅島牧場, 末島牧場이 있다.

23) 『世宗實錄』 地理志, 卷148, 江華都護府.
24) 『世宗實錄』 地理志, 卷148, 江華都護府.
25) 『世宗實錄』 地理志, 卷148, 江華都護府.
26) 『世宗實錄』 地理志, 卷148, 富平都護府.
27) 『世宗實錄』 地理志, 卷148, 江華都護府.
28) 『世宗實錄』 地理志, 卷148, 江華都護府.

위의 가)는 부속섬 매음도목장에 대한 사료인데, 섬의 둘레가 60리 목장으로 말 생산에 종사하는 목자의 수는 7호이며, 국마 숫자가 3백 27필이었음을 말하고 있고, 나)는 신도목장의 섬 둘레가 30리였는데, 국마 숫자가 30필이었으며, 다)의 장봉도목장은 섬의 둘레가 40리로서 소를 키우는 목장인데, 통진현에서 관장하였다. 라)의 송가도목장은 섬의 둘레가 3리 반 정도의 작은 목장인데, 목자는 2호가 상주하며, 조수가 물러가면 매음도 말이 왕래한다고 한다. 마)의 보음도목장은 섬 둘레가 40리인데, 교동의 수군 8호가 들어가 살고 있다는 내용이고, 마)의 주문도목장은 섬 둘레가 30리였다.

부속섬 목장 규모는 매음도목장이 가장 넓고, 다음은 장봉도목장[29], 보음도목장, 신도목장, 주문도목장, 송가도목장 순서였으며, 물과 풀은 매음도장, 장봉도장, 주문도장이 비교적 풍부하였다. 보음도는 바닷길이 멀었지만, 풀은 무성하였다.[30] 그러나 그 밖의 섬들은 『강도지(江都誌)』에서 지적한 것처럼 바위와 절벽으로 이루어져 물과 풀이 넉넉하지 못했다.

매음도목장은 고려시대에 설치된 목장인데, 고려 말 강음목장(고려 초 10대 목장 중 하나임)을 혁파하자, 공민왕 11년(1362) 밀직제학 백문보가 건의하여 그 말을 이곳으로 옮겼다. 매음도장은 목자(牧子) 28인을 두고 각각 토지를 주어 목장을 지키게 했다. 사료를 준비하지 않아도 말이 번식하여 일찍이 동국의 기북(冀北)이라고 칭했다. 조선시대 500년간에 진강목장 다음으로 많은 준마를 산출했는데,

---

29) 『靑丘圖』 16쪽, 長烽島 "周二十五里 土甚膏沃"
30) 『成宗實錄』 卷238, 成宗 21年 3月 己卯.

고종대에 목장을 폐지하였다.[31]

매음도는 교동과의 거리가 불과 몇 리 정도에 불과했으므로 강도 사람과 물을 사이에 두고 서로 말할 수 있었으며, 그 섬은 매우 넓어 소금을 만드는 사람과 어부들이 함께 모여 살았다.[32] 특히 매음도목 장, 송가도목장, 금음북도목장, 석모노도목장 4개는 서로 육지로 연 결되어 왕래하는 말을 분간할 수 없어서 많은 문제가 발생하였다.

다시 말해서 매음, 송가, 금음북, 석모노도는 원래 독립된 섬이었 으나, 상류의 예성강, 임진강, 한강에서 흘러내려온 토사가 섬 사이 에 퇴적되어 서로 갯벌(육지)로 이어졌다. 따라서 간만의 차에 따라 물이 들어오면, 4개의 섬이 되고, 물이 빠지면 한 개의 섬이 되었 다.[33] 당시 이와 같은 사실을 『세종실록』 지리지에서 송가도는 조수 가 물러가면 매음도 마필이 왕래한다고 하였고, 숙종 30년(1704)에 는 송가도목장을 매음도목장으로 혼동해서 문제가 발생하기도 했 다.[34] 영조 35년(1759)에 편찬된 『여지도서』에서는 "매음도와 석모 노도가 육지로 10리에 연결되어 말을 방목한다."고 하였고, 순조 34 년(1834)에 편찬된 『청구도(靑丘圖)』에서는 "송가도, 석모노도, 금음 북도 사이를 '연륙(連陸)' 즉, 육지로 연결되었다"고 표시하였다. 현 재는 4개 섬 사이에 제방을 쌓아서 하나의 섬인 석모도가 되었다.

---

31) 朴憲用 撰, 1989, 『江都誌』 牧場條, 한국인문과학원, 89쪽.
32) 『肅宗實錄』 卷7, 肅宗 4年 10月 庚寅.
33) 南都泳, 앞의 책, 446쪽.
34) 『肅宗實錄』 卷39, 肅宗 30年 7月 戊午.

강화도의 마목장 지도

장봉도목장은 섬의 둘레가 40리로 규모가 크고, 땅이 기름져서 풀이 많았다. 『세종실록』 지리지에서는 본도에 설치된 유일한 우목장(牛牧場)으로 기록하였다. 그러나 『여지도서』 강화부지(江華府誌)에서 진강목장, 북일목장, 주문도목장, 매음도목장 등 말 목장에서도 소를 길렀다는 기록을 볼 때 장봉도목장 또한 설치와 동시에 말을 길렀음을 알 수 있다. 장봉도목장은 본섬의 진강목장, 북일목장과 함께 국초에 설치하여 감목관을 배치할 정도로 우수한 목장이었다. 특히 세조대부터는 호마의 산지로 널리 알려졌다.

그러면 강화도 부속섬 마목장에서는 어떤 종류의 말이 산출되었을까? 다음의 사료에서 그 해답을 찾을 수가 있다.

가) 태조가 개국할 때에 탄 준마가 여덟이다. (중략) 일곱째는 사자
황(獅子黃)이라고 하는데, 강화부의 매음도에서 낳고, 지리산에서 왜
를 토평할 때 탄 것이다.[35]

나) 사복시 제조가 아뢰기를, "경기도 강화부 장봉도목장에서는 일찍
부터 호마를 방목하여 따로 번식을 시키고 있습니다. 현재 건장한 아마
(兒馬)와 수말이 46필 있는데, 청컨대 5세 이하의 양마 10 필을 가려내
어 서울로 보내고, 그 나머지 수말 36필 속에서 북일·진강목장에 각각
8필씩 보내어, 감목관으로 하여금 그 방목을 감독하게 하고, 모치(毛齒)
를 본사에 보고하여 마적에 등록케 하소서." 하니, 그대로 따랐다.[36]

다) 사복시에서 아뢰기를, "강화부 신도에 들여보내어 방목하는 흑
오명(黑五明)의 자웅마(雌雄馬)와 주둥이가 검고, 눈이 검고, 불[賢]이
검고, 굽[蹄]이 검고 소백(潔白)한 자웅마는 그 숫자가 적어서 번식이
많지 않으니, 두 빛깔의 말을 각도 목장에서 골라내고, 또 경상도·전
라도로 하여금 암수 아울러 각각 15필씩을, 충청도·경기도·평안도
·함길도로 하여금 각각 10필씩을, 황해도·강원도로 하여금 각각 5필
씩을 찾아서 올려 보내면, 경기도 보음도에 방목하소서." 하니, 그대로
따랐다. 다만 평안도는 바치지 말게 하였다.[37]

위 사료 가)는 강화부 매음도목장에서 명마 사자황이 산출되는데,
이성계가 타고 왜구를 격퇴했다는 내용이고, 나)는 강화부의 장봉도
목장에서 호마를 번식시켜 전국의 목장에서 종마로 사용토록 했다

---

35) 『增補文獻備考』卷125, 兵考 17, 馬政.
36) 『世祖實錄』卷9, 世祖 3年 9月 戊辰.
37) 『世宗實錄』卷66, 世宗 16年 10月 丁巳.

는 내용이며, 다)는 강화부 신도목장에서는 흑오명 자웅마라고 부르는 명마를 산출하는데, 숫자가 적기 때문에 전국의 목장 가운데 그 것과 같은 종류의 말을 찾아내어 강화부 보음도목장에서 방목했다는 내용이다.

이와 같이 강화도 장봉도목장과 신도목장에서는 호마를 별도로 산출하여 아마를 분양하지 않고 길렀는데, 세종과 세조가 호마를 집중적으로 육성하기 위해 그 새끼를 북일목장, 진강목장, 보음도목장에 종마로 분배했다고 할 수 있다. 특히 매음도에서 산출된 사자황은 고려 말 이성계의 팔준마(八駿馬)의 하나가 되어 지리산에서 왜구를 토벌할 때 큰 공을 세웠다.[38]

조선 초기 관료들은 호마 조달에 힘썼다. 그러나 명나라가 해마다 1만 필 이상을 요구함으로써 호마의 수요가 크게 부족하였다. 따라서 국가는 북관개시를 통해 달단마를 수입하고 이를 안정적으로 번식시키기 위해 세종과 세조가 강화도 본섬의 진강목장·북일목장과 부속섬의 매음도목장·장봉도목장·신도목장·보음도목장에서 호마를 산출하였다. 한편 국가는 호마의 증산을 위해 마목장에 감목관을 파견하고, 목자를 세습시키는 제도를 확립하였다.

강화도 부속섬의 마목장 명칭

번호	전거	연대	목장명	개수
1	『세종실록』 지리지 권148	세종	매음도목장, 신도목장, 장봉도목장[39], 주문도목장, 보음도목장, 위도목장	6개

---

38) 『龍飛御天歌』 8章, 70章 注.

2	『신증동국여지승람』 권12	성종	미법도목장	1개
3	『선조실록』 권98	선조	거을도목장	1개
4	『숙종실록』 권39	숙종	송가도목장[40)	1개
5	『대동지지』 권2	영조	금음북도목장, 시도목장, 석모노도목장, 말도목장, 서검도목장	5개
6	『대동지지』 권2	고종	동검도목장, 저도목장	2개

---

39) 『世宗實錄』 卷74, 世宗 18年 7月 戊午.
40) 『肅宗實錄』 卷39, 肅宗 30年 7月 戊午.

Ⅱ.
부속섬 호마목장의 설치와 운영

1. 여진 호마의 수입과 호마의 변동추이

조선시대 호마는 세종과 세조가 호마목장을 적극 설치함으로써 그 숫자가 크게 증가했다. 즉, 세종은 강화도 부속섬에 설치한 신도목장과 보음도목장에서 호마를 별도로 방목하였다. 그런데 그 혈통을 보존하기 위해 새끼 말을 섬 밖으로 반출하지 않았다. 또한 세조는 강화도 장봉도목장을 호마 전용목장으로 확대시켜 그 새끼를 전국의 이름난 목장에 종마로 분배하였다. 그러나 성종대부터 목장을 폐지하여 둔전을 설치함으로써 호마의 숫자도 점차 감소하였다.

결과적으로 마목장의 폐지는 전투력의 약화를 가져왔고, 임진왜란과 호란에서 그것이 입증되었다. 그러나 숙종과 정조가 북벌정책을 추진한바, 청나라 팔기군을 상대할 기병대를 창설함으로써 호마의 숫자도 점차 증가했다. 그런데 인구증가와 대지주 및 권력자들이 경작지를 확보하기 위해 마목장을 폐지하는 것이 대세인 상황에서 호마 생산은 감소할 수밖에 없었다. 따라서 여기서는 건국 초기에 여진이 호마 조공을 거부하자, 군마확보의 위기를 타개할 방안으로 실시한 호마목장의 설치와 호마생산에 대해 살펴보려고 한다.

조선을 건국한 주체들은 호마를 확보하기 위해 국내에 마목장을 설치하고 자체적으로 목축하였다.[41] 그러나 건국 직후에는 종마로 사용할 호마가 크게 부족하여 여진에서 호마를 수입할 수밖에 없었다. 야인들은 호마를 가지고 조선의 마포, 식기, 지물, 소금, 쇠 등 일상용품을 교환하였다. 조선은 일상용품으로 교환한 호마가 군사력을 강화시킨 셈이다. 조선은 여진과의 호마 교역을 위해 건국 직후에는 북평관을 설치하였고, 태종 6년(1406)에는 동북면의 경성과 경원에 무역소를 설치하였다.[42] 야인과 거래하는 호마의 환율문제는 세종 8년(1426)에 호조가 다음과 같이 결정하였다.

즉 야인의 대마 1필에 상등이면 면포 45필, 중등이면 40필, 하등이면 35필로 하며, 중마 상등은 면포 30필, 중등은 25필, 하등은 20필로 하고, 소마 상등은 15필, 중등은 10필, 하등이면 6필로 하였다.[43] 이러한 말 값은 『경국대전』호전에 그대로 규정되어 준용되었다. 그러나 조선에 적대적인 여진의 여러 부족과 우호적인 동맹가첩목아가 서로 호응하여 경원부를 약탈하는 사건이 발생하자, 1410년(태종 10) 길주도 찰리사 조연(趙涓)이 여진 부족 수백 인을 살해하였고,[44] 이 때문에 여진의 호마 교역이 크게 감소하였다.

---

41) 조선이 마필을 자체 조달하는 정책으로 전환한 것은 1413년(태종 13) 7월 북경에서 돌아온 사신이 "제주목장의 마필은 원나라의 소유이므로 중국으로 옮기려 한다"는 명나라 조정의 계획을 태종에게 보고하면서 시작되었다(『太宗實錄』 卷26, 太宗 13年 7月 乙未).

42) 『太宗實錄』 卷11, 太宗 6年 5月 己亥.

43) 『世宗實錄』 卷31, 世宗 8年 1月 壬寅.

44) 『太宗實錄』 卷19, 太宗 10年 3月 乙亥.

세종 6년(1424) 사복시가 "경원과 경성에 사는 백성들을 매개로
하여 여진족에게 생필품을 주고, 호마를 교역하여 종마로 사용할
것을" 요청하였다. 이에 세종은 함경도 도절제사에게 "달단마 암수
종마를 감영의 물건으로 그곳 군민이 사는 것처럼 사들이고, 마필수
와 털빛과 나이를 보고하도록"[45] 지시하였다. 여기서 우리는 국가가
직접 야인의 호마를 매수하지 않고 백성이 대신토록 한 것은 국가가
군수물자의 매매를 감독하는 기관이었기 때문이다.

이후에도 국가는 야인의 호마가 필요 할 때는 민간이 대행토록
했는데, 1449년(세종 31)년 세종이 함길도 감사에게 "민간에서 매매
하는 야인의 말이나 그곳에서 생산된 말이 있으면 값을 넉넉하게
주고 암수 말 열 필을 보내도록"[46] 지시한 사실을 통해 그것을 알
수 있다.

그러면 세종은 왜 함길도 지역에서 호마를 매수하도록 지시하였
을까. 그것은 함길도에서 호마가 생산되었기 때문이다. 다시 말해서
함길도 토마의 암말을 방목하면, 달단의 수마가 개마고원을 건너와
교접을 통해 혼혈종을 산출함으로써 토마의 품종이 개량되었다. 태
조가 탔던 팔준마와 세종이 탔던 밤색말과 옥비흑마[47] 등의 명마가
모두 달단마 내지는 달단마와 조선의 토마가 교접한 혼혈종이었다.

성종대에 이르러 호마의 숫자는 오히려 감소하였다. 그것은 "원
나라 세조가 제주목장에 호마를 방목한 세월이 오래되어 목장의 말

---

45) 『世宗實錄』卷25, 世宗 6年 8月 戊申.

46) 『世宗實錄』卷123, 世宗 31年 2月 甲戌.

47) 『世宗實錄』卷25, 世宗 6年 8月 戊申.

들이 모두 과하마가 되었다"[48]는 사료를 통해 알 수 있다. 사실 성종 대 전국의 마목장은 세종·세조대보다 증가하였지만, 호마의 숫자는 증가하지 않았다. 그 원인은 북방으로부터 호마 수입이 단절되었기 때문이다.

즉, 세종과 세조대에는 종마로 사용할 호마를 10여 필 단위로 민간무역을 통해 수입하였지만, 성종대에는 호마 수입을 금지하는 법률을 제정함으로써 호마의 씨가 끊겼다. 성종은 평안도 절도사 정난종(鄭蘭宗)이 "야인들이 기근으로 그들의 말을 곡식으로 교환할 것을 청한다."는 치계를 영돈녕 이상의 관료들과 의논하였다. 그런데 이극배(李克培)가 "야인들이 매도하는 말을 백성들이 수매하는 것처럼 하되, 마가는 관포(官布)로 지급하자."[49]는 말을 받아들여, 호마의 수매를 허용하였다.

한편 중종대에 와서 호마의 가치는 더 커졌다. 호마는 성질이 유순하여 길들이기가 쉬울 뿐만 아니라 재주와 품질이 뛰어나 군마로서 가치가 컸기 때문이다. 따라서 성종 때는 암말 두 필을 요동의 수말 한 필과 교환했는데, 중종 때는 호마의 가격이 2~3배로 치솟자, 국내 마필수가 급격히 감소할 수밖에 없었다. 당시의 실정을 중종 7년(1512) 함경북도 절도사 윤희평(尹熙平)은 치계를 올려 다음과 같이 설명하고 있다.

우마로 야인들의 모물(毛物)과 교환하는 것은 금하는 법령이 있지

---

48) 『成宗實錄』卷278, 成宗 潤5月 庚戌.
49) 『成宗實錄』卷172, 成宗 15年 12月 乙未.

만, 말과 말을 교환하는 것은 단속하지 않기 때문에 변방 사람들이
우리나라 마소 7~8필을 주고 호마 한 필과 교환합니다. 그러므로 야인
들의 마축(馬畜)은 날로 번성하지만 조선의 축산은 날로 줄어듭니다.
지금부터는 말과 말을 교환하더라도 엄하게 금하고 법을 어긴 자는
금물을 잠매(潛賣)하는 조항으로 논죄하고, 적발하여 단속하지 않는
병사와 진장도 중죄로 논해야 합니다.[50]

위 사료에서 함경도 사람들이 야인의 호마 1필과 조선의 토마 7~8
필을 교환하기 때문에 야인들의 마축(馬畜)은 크게 번성하지만, 조선
의 마축이 쇠퇴하게 되자, 말과 말의 교환을 법으로 금지했다고 할
수 있다. 그동안 토마를 가지고 호마를 교환하는 것은 법에 위배되지
않았는데, 중종 7년(1512) 이후 말과 말을 교환하는 행위를 금령으로
만들어 규제함으로써 야인으로부터 호마를 수입하여 개량종의 양마
를 확보하는 일이 더욱 어려워 졌다. 이러한 사정은 조선 후기에도
계속되었으나, 도리어 목축방법의 소홀과 청나라에서 수입하는 달단
마의 종자마저도 값이 등귀하여,[51] 달단마의 품종이 크게 감소하였
고, 또한 토마와 거의 구별할 수 없을 정도로 퇴화해 갔다.

2. 호마목장 설치와 호마의 혈통 보존

조선시대 말은 사용처가 다양하였다. 그러나 기병에게 군마를 공

---

50) 『中宗實錄』 卷16, 中宗 7年 閏5月 辛丑.
51) 『增補文獻備考』 卷125, 兵考 17, 馬政.

급하는 문제가 가장 중요했다. 따라서 국가 위정자들은 "군정은 말 보다 급한 것이 없다"[52]고 하면서 기동력이 우수한 호마의 생산에 주력하였다. 태종과 세종이 호마목장을 전국에 설치하여 4군 6진을 개척한 반면에 성종대 후반기부터 목장이 폐지됨으로써 군마가 부족하였으며, 이것이 국방력을 약화시켜 임진왜란과 병자호란에서 패전을 초래하였다. 따라서 여기서는 건국 초기 군주들의 군마로 사용할 호마목장 설치와 호마의 혈통보존에 대해 고찰하려고 한다.

군마로 사용할 호마의 수입 문제는 국가적으로 중요한 현안이지만, 조선은 여진으로부터 호마를 수입할 수 없었다. 다시 말해서 명나라가 달단과의 전쟁에서 패배하자,[53] 조선이 명나라의 요청에 따라 군마 1만 필을 바치자,[54] 여진은 조선에게 조공하던 호마를 단절시켰다.

앞에서 설명한 것과 같이 북경에서 돌아온 사신이 '원나라가 방목했던 제주목장을 명나라가 탈취하려고 한다.'[55]고 보고하자, 태종은 제주목장의 호마를 지킬 두 가지 계획을 세웠다. 먼저 암수 종마 1천 8백 필은 가까운 진도로 옮기고, 다음으로 1백여 필은 유사시 수송이 편리한 강화도 길상산으로 옮겨 방목한다는 것이다.[56]

따라서 태종은 당번선군과 백성들을 진도에 이주시키고 목장에 목책을 세웠으며, 왜구의 침범을 막기 위해 수호군도 파견하였다.

---

52) 『世宗實錄』 卷21, 世宗 5年 8月 庚戌.
53) 『太宗實錄』 卷18, 太宗 9年 10月 庚戌.
54) 『太宗實錄』 卷19, 太宗 10年 2月 庚戌.
55) 『太宗實錄』 卷26, 太宗 13年 7月 乙未.
56) 『太宗實錄』 卷26, 太宗 13年 8月 己巳.

그러나 전라도 관찰사 김정준(金廷儁)이 수초가 부족한 진도목장을 혁파할 것을 주장하자, 태종은 동왕 14년 11월 7일 목장을 혁파함으로써 진도목장을 통한 호마 생산은 성과를 보지 못했다.

그런데 강화도에서는 목장을 설치한지 1년 6개월이 지난 1415년 (태종 15) 1월에 둘레 6만 7천 1백 43척의 길상목장을 완성하였다. 3년 후 강화도 본섬의 길상·진강·북일목장과 부속섬의 신도·매도 목장에서 목축한 말이 1천 2백여 필에 이르렀다. 이때 암말 5필과 수말 1필을 묶어 1둔(屯)으로 삼고 목자 1명을 배치했는데,[57] 성별에 따라 암·수말을 구분하면 수말 2백 필, 암말 1천 필이 되는 셈이다. 따라서 달단의 호마가 제주에서 처음 방목한 이후 강화도에서도 호마를 생산하게 되었다.[58] 그러나 처음 진도목장에 배정한 호마의 숫자와 비교하면, 그 효과는 미미한 실정이다.

세종 5년(1423) 강화도 암·수말의 총 숫자는 1천 6백 42필이다.[59] 6년 동안 불어난 숫자가 450여 필에 불과한 셈이다. 따라서 세종은 호마를 확보하기 위해 두 가지 방안을 강구하였다. 먼저 강화도 본섬 전체를 목장으로 만들고, 다음으로 호마를 강화도 부속섬에 격리하여 방목하였다. 다음의 사료가 그것을 설명하고 있다.

　　사복시에서 아뢰기를, "강화부 신도(信島)에 들여보내어 방목하는 흑오명마(黑五明馬)의 자웅마와 주둥이가 검고, 눈도 검고, 불알도 검

---

57) 『太宗實錄』 卷33, 太宗 17年 6月 戊子.
58) 태종의 강화도 마목장 설치에 대해서는 다음의 논고를 참조할 것; 이홍두, 2014, 「조선시대 강화도 馬牧場의 置廢와 戰馬의 생산」, 『軍史』 93, 국방부 군사편찬연구소.
59) 『世宗實錄』 卷20, 世宗 5年 5月 更子.

고, 발뒤꿈치도 검은 결백마(潔白馬)의 자웅마는 그 숫자가 적어서 번식이 많지 않으니, 두 빛깔의 말을 각도 목장에서 고루고, 또 경상도 전라도로 하여금 암수 아울러 각 15필씩을, 충청도·경기도·평안도·함길도로 하여금 각각 10필씩을, 황해도·강원도로 하여금 각각 5필씩을 찾아서 올려 보내게 하여, 경기도 보음도에 방목하소서." 하니 그대로 따르되, 다만 평안도는 바치지 말게 하였다.[60]

위 사료에서 강화도 부속섬 신도에 암수의 흑오명마와 결백마를 격리하여 방목하였지만, 번식에 실패하자, 두 종류의 말을 전국의 각도에 할당, 취합하여 강화도 보음도에 호마목장을 설치하여 함께 방목했음을 말하고 있다. 세종의 호마 확보책은 강화도 부속섬 신도와 보음도에 호마목장을 설치함으로써 그 토대를 마련한 셈이다.

한편 세종은 무인도였던 강화도 진법도에 호마의 수말 1필과 토마의 암말 8필을 일찍이 방목했는데,[61] 이와 같은 사육 방식은 체구가 큰 호마 종마와 몸집이 작은 토마와의 교접을 통해 4척 이상의 중견마를 생산하는 것이 목적이었다.

당시 세종이 호마 목축에 적극적이었던 이유는 고려시대 종마로 사용되었던 달단마가 우왕 3년(1377) 1월 이후 수입이 끊겨 대부분의 호마가 과하마로 퇴화되었기 때문이다.[62] 이는 세종 6년(1424) 사복시[63] 제조가 "달단마를 수입하지 못한 지가 50년이 넘어 그 종

60)『世宗實錄』卷66, 世宗 16年 10月 丁巳.
61)『文宗實錄』卷7, 文宗 1年 5月 戊戌.
62) 달단마는 고려 국초부터 여진이 조공마로 진헌하였으며, 충렬왕 2년(1276) 이후에는 원나라가 제주목장에 호마를 방목함으로써 호마 생산이 순조롭게 진행되었다. 그러나 100여 년이 지난 우왕 3년부터는 달단마의 수입이 끊겼다.

자가 멸종되었다"[64] 고 한 것이 그것을 입증한다.

종마로 사용한 호마의 등급은 말의 털 빛깔에 따라 구분했는데, 품등은 20~30여 종으로 구분하였다.[65] 특히 털 빛깔이 흑오명색·철청색·결백색을 띤 웅마를 최상등으로 여겨 종마로 보호하였다. 세종은 이들 세 품종을 강화도 신도와 보음도에 전담시켜 목축코자 하였지만, 이 세 품종의 호마는 매년 널리 구해도 쉽게 얻을 수가 없었다.[66]

따라서 세종은 동왕 20년(1438) 의정부가 5색의 종마 중에 오명마(五明馬)·철총마(鐵驄馬)·백마(白馬)는 귀한 색깔이므로 경상·전라·충청도에 각각 호마목장을 설치하여 특별히 번식시킬 것을 주장한 건의를 받아들였는데,[67] 이는 세종의 호마 확보책이 전국으로 확대되었음을 의미한다. 또한 세종은 동왕 31년(1449) 호마 생산의 본 고장인 함길도조차 종마로 쓸 호마가 없다는 보고를 받고, 함길도 감사에게 "야인들에게 말 값을 넉넉히 주고 암·수말을 섞어 10필을 교역해 보낼 것을 지시하였다."[68] 이러한 사실은 세종대 후반기에도 종마로 사용하는 호마의 숫자가 크게 부족했음을 반영하고 있다.

---

63) 사복시는 마정의 집행기관으로서 그 소관은 병조에 보고하고 의정부를 거쳐 집행되는 것이 원칙이었다. 그러나 문종 원년 김종서가 영의정으로서 사복시 제조를 맡은 뒤로는 그 소관이 제조를 통해 국왕에 직결되어 처리하였다. 『經國大典』에서는 그 중요성을 강화하여 제조 2명을 배치하였고, 영조 때『續大典』에서는 제조 2명 중 1명은 영의정이 겸임토록 하였다(南都泳, 1996, 『韓國馬政史』, 218쪽).

64) 『世宗實錄』卷25, 世宗 6年 8月 戊申.

65) 남도영, 1996, 『한국마정사』, 한국마사회 마사박물관, 371쪽.

66) 『世宗實錄』卷49, 世宗 12年 9月 辛亥.

67) 『世宗實錄』卷83, 世宗 20年 10月 丁巳.

68) 『世宗實錄』卷123, 世宗 31年 2月 甲戌.

한편 세조대에도 종마로 사용하는 호마의 수말이 크게 부족하여 사복시가 그 해결 방안을 제시하였다. 다음의 사료를 통해 그것을 알 수 있다.

> 가) 사복시에서 아뢰기를, "국가에서 경기 임진현의 호곶, 강화도의 장봉도·신도, 충청도 태안의 안면곶, 전라도 진도 등 목장은 양마가 생산되므로 여기서 얻는 새끼 말은 모두 분배하지 않고 그대로 길렀습니다"[69]
>
> 나) 사복시에서 아뢰기를, "경기 강화도의 장봉도목장에서는 일찍부터 호마를 방목하여 별도로 번식시키고 있습니다. 현재 튼튼한 암말과 수말을 합해 46필이 있사온데, 청컨대 5세 이하의 호마 10필을 서울로 보내고, 나머지 수말 36필 중 북일·진강 두 목장에 각각 18필씩 보내어 감목관이 감독하도록 하며, 이빨 숫자를 사복시에 보고하여 마적에 등록하도록 하소서" 하니, 그대로 따랐다.[70]

위의 가)는 종마로 사용하는 호마의 혈통 보존을 위해 전국의 목장 중 호곶·장봉도·신도·안면곶·진도목장에서 태어난 새끼 말을 외부로 반출하지 않았다는 내용이고, 나)는 강화도 장봉도목장의 호마 46필 가운데 10필을 서울로 보내고, 나머지 36필은 강화도 북일목장과 진강목장에 각각 18필을 보내서 호마의 혈통을 마적에 등록했음을 말하고 있다.

이와 같은 사실은 호마목장의 증가와 함께 호마의 개체수가 증가

---

69) 『世祖實錄』 卷5, 世祖 2年 12月 戊午.
70) 『世祖實錄』 卷9, 世祖 3年 9月 戊辰,

하자, 그곳의 암·수의 호마를 서울 소재 목장과 강화도 본섬의 두 목장에 분배함으로써 호마의 혈통을 지키고 호마의 생산도 증가했 다고 하겠다. 여기서 호마를 마적에 등록했다는 것은 호마가 생산되 면 관에 신고함으로써 처분에 통제를 받았다는 것인데, 그 목적은 마필의 증감을 파악하는 데 있었다.

즉, 종마로 사용하는 호마를 생산한 목자가 말의 나이와 털 색깔 과 소유관계를 관에 신고하면, 관에서는 이를 확인한 다음, 5통의 마적을 작성했는데, 그중 1통은 감목관이 보관하고 나머지는 목사, 관찰사, 사복시, 병조에 보냈다. 특히 목장마는 소속 군(群)을 구별하 기 위해 천자문의 글자를 깊이 낙인하여 농간을 막았다.[71] 그리고 수속을 끝낸 목자는 마필의 증감이 있을 경우 즉시 관에 보고했는데, 이러한 사실은 당시 호마의 생산이 국가적 중대사였음을 시사한다.

사료 가)에서 전국의 호마 목장은 10여 곳이 있는데, 그 가운데 세 곳이 강화도에 있었던 사실이 주목된다. 특히 장봉도목장은 세종 대까지는 소를 목축하는 우목장이었으나, 세조대부터 호마목장으로 전환하여 호마 생산에 크게 기여하였다. 이는 세조가 세종의 호마 확보정책을 계승했음을 입증한다.

그러면 제주목장에는 호마를 어떻게 관리하였을까. 먼저 명나라 의 과도한 제주마 징발의 경우이다. 제주목장의 호마는 충렬왕 2년 (1276) 원나라가 탐라에 몽고식 마목장을 설치하면서 크게 증가하였 다.[72] 그러나 고려 말 3만 필과 조선 초기 7만 필을 명나라에 바쳐

---

71) 『續大典』卷4, 兵曹 廏牧.
72) 『高麗史節要』卷19, 忠烈王 2年 8月.

그 합이 10만 필이었다. 그중에 약 6~7만 필을 제주목장에서 차출했으므로 호마의 종자가 사라질 수밖에 없었다.[73]

다음으로 호마와 토마를 구별하지 않고, 한 울타리에서 방목한 경우이다. 중종 8년(1513) 12월 26일 한성부 좌윤 김석철이 "제주 3읍의 국둔마는 좋은 말과 나쁜 말이 섞였기 때문에 양마가 많지 않다"[74]고 상소한 내용이 그것을 설명한다. 호마의 잡종화를 막는 유일한 방법은 토마의 접근을 차단하는 것인데, 넓고 개방적인 제주목장의 지형적 특성으로 볼 때 실현하기가 매우 어려웠다.

마지막으로 양마가 있더라도 두 살도 되기 전에 장사꾼들과 짜고 남몰래 방매한 경우이다. 당시 마방 상인들은 토마를 호마로 교환하여 큰 이익을 챙겼다.[75] 특히 세종 3년(1421)에는 마방 상인들이 양마를 무분별하게 육지로 반출함으로써 종마의 씨가 마르게 되는 사태가 일어나기도 하였다.[76]

이와 같이 제주도목장에 호마가 감소한 것은 원나라 간섭기에 엄격했던 호마의 관리체계가 조선 초기에 와서 붕괴됨으로써 나타난 결과였다. 특히 한성부 좌윤 김석철이 "암·수말을 막론하고 두 살 이상으로 털빛깔이나 품질이 좋은 말이 있으면, 생산되는 대로 해마다 무역하여 별도로 목장을 만들어 한 곳에서 기르면 좋겠다"[77]고 하면서 그 해결책을 제시하였지만, 그것을 시도한 흔적을 찾을 수가

---

73) 『太宗實錄』 卷16, 太宗 8年 12月 戊戌.
74) 『中宗實錄』 卷19, 中宗 8年 12月 庚申.
75) 『增補文獻備考』 卷125, 兵考 17, 馬政.
76) 『世宗實錄』 卷12, 世宗 3年 6月 辛丑.
77) 『中宗實錄』 卷19, 中宗 8年 12月 庚申.

없다. 따라서 제주목장에는 4척 이상의 호마가 많지 않아 중국에
보내는 상공마 조차도 4척 이하의 토마를 보낼 수밖에 없었다.[78]

한편 양계 지역에서도 달단마가 산출되었는데, 그것은 두 가지
측면에서 볼 수가 있다. 하나는 함경도는 본래 달단마가 산출되는
지역이라는 것이고, 다른 하나는 태종 15년(1415) 황해도의 용매도
와 평안도 선천의 신미도에 마목장을 설치하고, 제주목장의 호마를
방목하였다.

그런데 거란족이 세운 요나라가 몽고 지역을 지배하고 중국과 고
려를 침입하는 등 맹위를 떨쳤지만, 몽고의 후신 달단(韃靼)[79]이 등
장하면서 거란의 명마였던 기북마는 달단마로 불렸다. 그러나 13세
기 초에 흥기한 원나라가 1367년(공민왕 16) 멸망하자, 몽고의 후예
인 달단이 한반도 동북지역을 생활 터전으로 삼았기 때문에 함경도
와 경계를 이루게 되었으며, 달단마를 함께 공유하게 되었다.

달단과 경계를 이루는 함경도는 산이 깊고 풀이 무성하며 샘물이
좋았기 때문에 조선시대 명마 생산지로 유명하였다. 그런데 이곳에
는 함흥의 도련포목장, 홍원의 마랑이도목장, 문천의 사눌도목장,
영흥의 말응도목장, 단천의 두언태목장이 있다. 그중에서도 북쪽의
도련포목장과 남쪽의 제주도목장은 우리나라의 기북이라고 불릴 정
도로 유명하였다.[80]

도련포목장은 옛 옥저 때부터 신마가 나는 명산지였다. 「용비어

---

78) 『世宗實錄』 卷49, 世宗 12年 9月 己亥.

79) 『明史』 卷327, 列傳 215, 韃靼.

80) 南都泳, 1996, 『韓國馬政史』, 한국마사회 마사박물관, 234쪽.

천가」는 "태조 이성계가 탔던 팔준마 중에 한 명마가 도련포에서 생산되었기 때문에 이곳의 말을 용마라고 불렀다"[81]고 기록하였다. 세종 때 국마 1백 92필을 방목한[82] 도련포목장은 40리의 넓은 들판 가운데 있어 해마다 함흥·정평·홍원의 장정들을 동원시켜 목책을 세웠다. 따라서 먼 곳의 백성들이 역사(役事)에 고통이 따랐으므로 숙종 14년(1688)에 목장을 폐지했다가, 숙종 35년(1709)에 다시 설치 하였다.[83]

서북면의 황해도 용매도에 제주 호마를 방목한 것은 태종 7년 영의정부사 성석린(成石璘)이 "쓸만한 제주말을 골라서 육지 근처의 섬에 방목한다면 3년 안에 효과가 있을 것이다"[84]고 주장한 직후에 실행한 듯하다. 그것은 태종이 길상목장을 완성한 동왕 15년 1월 21일에 "일찍이 제주말을 용매도로 옮겨 키웠는데, 그 말이 제주말보다 우수했다"[85]고 한 것을 통해 알 수 있다. 성종 때 전 개성유수 고대필이 "원나라 세조가 제주에 목장을 설치하고 방목한 달단마의 혈통을 용매도의 호마에서 찾았던 사실"[86]도 용매도목장에서 순종의 달단마가 생산되었음을 입증한다.

---

81) 『英祖實錄』 卷23, 英祖 5年 閏7月 戊子.
82) 『世宗實錄』 地理志 卷155, 咸吉道 咸興府.
83) 『英祖實錄』 卷22, 英祖 5年 6月 癸卯.
84) 『太宗實錄』 卷13, 太宗 7年 1月 甲戌.
85) 『太宗實錄』 卷29, 太宗 15年 1月 庚申.
86) 『成宗實錄』 卷281, 成宗 24年 8月 丁卯.

Ⅲ.
군마의 조련과 마상무예

1. 내구마와 분양마의 조련

조선에서는 내승과 사복이 내구마 조련을 담당하였다. 그런데 고려 말부터 시작된 내승의 내구마 조련은 선초에도 여전히 계속되었으며, 이것이 사회 문제로 등장하자, 태종은 내승을 배제하고, 겸사복(兼司僕)이 내구마를 조련토록 하였다. 따라서 내구마의 조련은 그 주체가 내승이었던 경우와 겸사복이었던 경우로 구분할 수 있는 바, 여기서는 그 주체의 변동 문제를 중심으로 살펴보고자 한다.

태조 이성계가 "사복시를 시켜서 세마지(洗馬池)를 사복시 서쪽에 파도록 하고서 직접 나가 보았다."[87]라고 한 기사가 있는데, 이를 통해 보면 태조 때 내사복시에 속한 내승이 내구마 조련을 주도한 것으로 보인다. 한편 태종 8년(1408)까지는 50여 명의 내승이 고려 말의 방식대로 내구마 조련을 주도하였다. 그러나 왕권에 기생한 내승의 권한이 증대하여 지방군민을 침탈하고, 구종을 노비와 같이

---

87) 『太祖實錄』 卷9, 太祖 5年 8月 癸巳.

부리는 것이 사회적 문제가 되자, 태종은 내구마 조련에서 내승을
배제하였다.

사복(司僕)이 내구마 조련을 주도한 것은 태종 9년부터다. 즉, 마
상무예가 출중한 무인을 겸사복에 임명함으로써 겸사복의 지위가
내승의 지위를 능가하게 되었다. 내사복시의 종래 사복과는 다른
무재를 겸비하고 시위를 임무로 하는 겸사복이 증치된 셈이다. 이는
주로 한직인 첨총제(僉摠制) 등과 같은 관직을 수여하여 사복을 겸임
토록 하였다. 이러한 시책은 세종 때까지 계속되어 상호군·호군·
첨총제·행사직 등의 관료들이 사복에 겸직되었다.[88]

그러나 겸사복 제도의 실시가 내구마 조련의 수준을 곧바로 향상
시켰다고 할 수는 없겠다. 왜냐하면 그것은 세종이 동왕 8년 9월
행행하던 중 내구마가 날뛰는 일이 발생하자. 당시 겸사복 첨총제
양춘무에게 장(杖) 80을 치고 의금부에 하옥한 다음, 그 직위를 파면
한[89] 사실을 통해 알 수 있다.

한편 세조는 내구마 조련을 혁신하는 방안을 마련하여 실행하였
다. 먼저 내구마로 사용하는 호마의 혈통을 보존하기 위해 호마목
장을 설치하고, 다음으로 호마도 조련하지 않으면 야수와 다름이
없다고 인식하였다. 세조는 전자의 방안을 실현하기 위해 경기 임
진현의 호곶목장, 강화도의 장봉도·신도목장, 충청도 태안의 안면
곶목장, 전라도 진도목장을 호마목장으로 지정하고, 여기서 얻은 새
끼 말을 외부로 반출하지 않았다.[90] 후자를 위해서는 겸사복을 내

---

88) 남도영, 1996, 『한국마정사』, 219쪽.
89) 『世宗實錄』 卷33, 世宗 8年 9月 癸卯.

사복시에서 분리하여 독립시킨 다음, 정식 관아로 만들었다. 그리고 겸사복 50명을 배속시켜 내구마 조련을 전담시켰다.[91] 그 뒤 겸사복은 『경국대전』에서 종2품의 아문이 되었고,[92] 뒤에는 겸사복청으로 불렸다.[93]

그런데 성종대에 와서 겸사복의 내구마 조련 문제는 두 가지 측면에서 변동하였다. 먼저 여러 목장의 아마를 내금위와 겸사복에게 지급하여 조련하도록 하였고,[94] 다음으로 내승이 내구마 조련을 주도하는 한편으로 사복을 감찰하는 지위를 회복시켰다.[95] 후자의 이러한 현상은 태조 때 설립한 내사복시가 『경국대전』에는 기록되지 않았지만, 성종 23년(1492)에 간행된 『대전속록』에서 처음으로 관아 명칭이 보인 것과 관련이 있다.[96] 즉, 성종대에 와서 겸사복의 시위병 역할을 축소하고, 내구마를 조련하는 본연의 업무에 복귀시켰다.

그러나 연산군은 겸사복이 어승마를 타고 다니며 조련하다가 변고가 발생해도 크게 처벌하지 않았는데, 이는 겸사복에게 내구마 조련의 전권을 부여함에 따라 나타난 결과로 보인다. 반면에 중종은 내구마가 조련되지 않을 경우 내승을 처벌하였다.

중종은 동왕 4년에, "전일에 탔던 말이 대궐문에 이르러 문턱을

---

90) 『世祖實錄』 卷5, 世祖 2年 12月 戊午.

91) 『世祖實錄』 卷34, 世祖 10年 8月 壬午.

92) 『經國大典』 卷4, 兵典 京官職 兼司僕.

93) 『睿宗實錄』 卷2, 睿宗 卽位年 11月 辛巳.

94) 『成宗實錄』 卷76, 成宗 8年 2月 戊戌.

95) 『成宗實錄』 卷189, 成宗 17年 3月 辛酉.

96) 『大典續錄』 卷4, 兵典 符信.

지날 때에 지체하고 머무르며 의심하고 무서워하였으니 내승으로
하여금 세마(洗馬)할 때에 항상 훈련하여 조련되지 않는 말이 없도록
하라"고 전교하였다.[97] 중종의 이 말 속에는 조련되지 않는 내구마
에 대한 두려움을 갖고 있었고, 그 책임을 내승에게 묻고 있는 것이
다. 특히 중종 때 와서 어승마가 놀라면 내승을 사헌부에 내려 추고
하고 의금부에 하옥시켰다.[98] 따라서 내승에 대한 견제는 곧 내구마
조련을 위한 제도화로 나타나고 있거니와 중종 때 편찬한『신증동
국여지승람』의 사료가 그것을 입증한다.

> 내구에는 말 60필을 기르고 외구에는 말 □필을 기르는데, 내사복시
> 에서 매달 1일, 11일, 21일에 관마(官馬)를 조련하고, 매월 5일, 10일,
> 15일, 20일, 25일, 30일에는 창덕궁 후원에서 조련하며, 매달 7일, 17
> 일, 27일에는 사마(私馬)를 조련하는데, 사복시의 관마 조련은 내사복
> 시와 같고 매달 5일, 15일, 25일에는 사마를 조련하였다.[99]

위 사료에서 내사복시와 사복시가 관마와 사마를 조련하는 상황
을 엿볼 수가 있다. 그런데 여기서 내사복시와 사복시의 내구마 조
련을 구별해 실시한 것이 주의를 끈다. 내사복시는 매달 6차례 조련
을 실시했는데, 그중 관마의 조련은 매달 1일, 11일, 21일에, 사마의
조련은 매달 7일, 17일, 27일에 실시하였다.

그리고 사복시의 관마 조련은 내사복시와 같은 날에 실시했으며,

---

97)『中宗實錄』卷9, 中宗 4年 9月 己未.
98)『中宗實錄』卷101, 中宗 38年 9月 甲寅.
99)『新增東國輿地勝覽』卷2, 備考篇;『東國輿地備考』卷1, 京都 文職公署.

사마 조련은 매달 5일, 15일, 25일에 거행하였다. 한편 세조가 동왕 10년(1464) 8월 갑오에 사복시의 내구마 10필을 창덕궁 후원에 방목 하면서,[100] 내사복시는 매달 5일, 10일, 15일, 20일, 25일, 30일에 후원마를 조련하였다. 따라서 내사복시는 매달 12차례 내구마를 조련한 셈이다.

이처럼 날짜에 따라 내구마 조련을 상호 다르게 거행한 것은 조선 후기까지 큰 변동이 없었다.[101] 다만 정조 즉위년부터는 친림하는 때가 아니면 후원의 내구마 조련을 허락하지 않았는데, 그것은 무인들이 이를 매개로 환관들과 소통하는 것을 우려했기 때문이었다.[102]

그러면 이제부터 분양마의 조련에 대해 살펴보자. 조선시대 전국의 목장에서는 호마와 준마를 내구마로 쓰기 위해 사복시에 바쳤다. 그런데 국왕의 어승마로 간택되지 못한 마필은 각 고을에 분양마로 보내졌다.[103] 이때 고을의 수령은 관아 옆에 마구간을 짓게 하고 분양마의 사육과 조련을 관장하였다.

그런데 세종은 동왕 7년(1425) 8월, 호조에서 "사복시의 내구마를 각 고을에 분양하여 사육하는데, 세력이 약한 고을에서는 동절기의 목장마 사육이 고역이다"[104]고 한 보고를 받고, 분양마 제도 개혁에

---

100) 『世祖實錄』 卷34, 世祖 10年 8月 甲午.
101) 『正祖實錄』 卷13, 正祖 6年 4月 己卯.
102) 『正祖實錄』 卷13, 正祖 6年 4月 己卯.
103) 당시 궁중의 내구에는 내구마 60여 필 정도가 있었는데, 해마다 내구마가 증가하고, 전국의 목장에서 내구마로 간택되지 못한 마필의 숫자도 적지 않았다. 따라서 태종은 이들 여분의 내구마를 수용하기 위해 임진현 호곶에 사복시가 관장하는 외구 설치를 지시하였으나 관료들이 반대하자, 태종은 여분의 내구마를 각 고을에 분양하는 제도로 전환하였다.

착수하였다. 개혁은 분양마 제도를 폐지하는 한편으로 동절기의 여러 목장마를 방목하는 것이었다. 세종이 목장마를 방목한 사실은 6개월 후, 방목하는 목장의 마필 사료를 준비하도록 지시한 사실을 통해 알 수 있다.

세종은 동왕 18년(1436) 5월에 사복시의 분양마 제도를 두 가지 측면에서 개혁을 단행하였다. 먼저 사복시가 내구마를 직접 사육하는 것이고, 다음으로 사복시 관원에게 내구마를 분양하여 조련하도록 했는데, 당시 이러한 마필의 숫자가 8, 90필에 이르렀다. 따라서 당시 분양마를 고의로 잃어버린 것에 대한 처벌 문제가 자주 논의되었다. 분양마에 대한 처벌 규정은 중종 28년(1533)에 간행한 『대전후속록』을 통해 법제화되었다.

즉, 분양마를 고실(故失)하거나, 수척하게 만들거나, 길들이지 않은 수령은 한 필만 있어도 『대명률』의 위령(違令) 조항에 의거하여 태 50에 처하고, 두 필이면 한 자급을 강등하고, 세 필이면 두 자급을 강등하며, 네 필이면 파면하였다. 그리고 고실한 것은 살아있는 마필로 변상케 하였다.[105]

한편 사복시가 각 고을에 보낸 분양마는 해당 고을의 조련마로 사용되었다. 그런데 국가에서는 각 고을의 성쇠에 따라 조련마 배분에 차등을 두었다. 즉 황보인은 한 고을의 절제사와 판관이 데리고 가는 군사와 조습마의 한 달 경비가 1백여 석에 이른다는 상황에서 조습마의 숫자를 줄여야 한다고 주장하였다.

---

104) 『世宗實錄』 卷29, 世宗 7年 8月 戊子.

105) 『典錄通考』 兵典, 廐牧條.

그러나 의정부 대신들은 『병전등록』의 기록을 토대로 조습마를 오리려 늘리도록 주장하였다. 마침내 세종은 동왕 23년(1441) 함길도 도절제사의 요청에 따라 경성을 도호부의 예에 의하여 군관 10인과 조습마 5필을 증액하였다.[106] 이러한 사실은 조습마의 증액이 북방의 방어에 기여하고 있음을 입증한다.

세조는 각 고을의 조습마를 양계 군사에게 지급하는 매우 파격적인 조치를 취했다. 즉, 조습마를 양계지역의 군사에게 지급하는 경우와 함께 영진(營鎭)의 군사들에게 군마로 지급하는 경우도 많았다. 오히려 전자보다 후자가 보다 광범하게 이루어졌다. 이때 조습마의 조련은 분양마를 지급받은 각 개인의 군사와 영진의 부대가 담당하였다.

그러나 무엇보다도 우리의 주목을 끄는 것은 전국의 각 목장에서 길들이지도 않고 속절없이 늙어가는 마필이다. 성종대부터 시작된 대립제, 중종대 말 값의 급등, 명종대 제승방략제의 실시는 기병의 군마 소유를 어렵게 하였고, 이 때문에 국가는 군사적 위기에 직면하였다. 따라서 관료들은 여러 목장의 생마(生馬)를 군사들에게 분양하도록 제안하였다.

결과적으로 분양마의 조련은 두 가지 형태로 이루어졌다. 하나는 각 고을에서 직접 분양마를 조련하는 경우이다. 즉 분양마의 조련은 매달 정해진 날에 찰방이나 수령 관할지역의 각 진의 군사가 담당했을 것으로 보인다. 특히 감사와 병사는 수령의 분양마 조련 유무를 고찰하여 중앙에 보고하였다.[107] 다른 하나는 양계지역의 군사에게

---

106) 『世宗實錄』 卷92, 世宗 23年 4月 乙亥.

지급한 군마의 조련이다.

목장마를 양계 군사들에게 주어 조련하는 것은 중종대에 이르러 사회의 일반적 현상이 되었다. 중종 4년 5월 25일, 대사간 최숙생이 "전국의 목장마를 군사들에게 주고 조련케 하여 길이 잘든 말은 내구마로 쓰고 그 나머지는 모두 군사에게 지급할"[108] 것을 주장한 것을 통해서도 군사가 직접 군마를 조련한 사실을 알 수 있다.

병자호란 이후 각 고을의 분양마 조련과 군사들에게 지급한 목장마나 품마의 조련 비율은 더욱 확대되었다. 뿐만 아니라 군사들의 조련 방식도 여진의 기병을 대상으로 하였다. 특히 조련방식을 강화시킨 바, 이것은 군마의 기동력과 전술능력을 향상시키는 마상무예 비중을 높인 것을 통해 알 수 있다. 마상무예는 청나라 철기군을 방어하는 유일한 방법이었는데, 정조가 전통의 무예지를 통합하여 『무예도보통지』[109]를 간행함으로써 기마전의 습득에 기여하였다.

조선 전기 전국의 목장에서는 어승마용으로 쓰기 위해 호마와 준마를 사복시에 바쳤다. 그런데 어승마로 간택되지 못한 마필은 각 고을에 분양마로 보내졌다. 이때 고을의 수령은 관아 옆에 마구간을 짓고 분양마의 사육과 조련을 관장하였다. 사복시에서는 고을에 보낸 분양마를 내구마에 충당하거나, 변방의 군사들에게 군마로 지급

---

107) 『中宗實錄』卷61, 中宗 23年 4月 丁巳.

108) 『中宗實錄』卷8, 中宗 4年 5月 丙辰.

109) 『武藝圖譜通志』는 무예 24기로 구성되었다. 지상무예 18기에 정조가 마상무예 6기를 추가하였다. 정조가 마상무예 6기를 추가한 것은 북방민족과의 전쟁에서 말의 중요성을 깨달았기 때문이다. 실제로 정조는 마상재에 출중한 친위부대 장용영을 통해 북벌을 실현시키려고 하였다.

하였다. 한편 국가에서는 동절기에 한해서 여러 목장마를 각 고을에 분양한 바, 수령은 이들 목장마의 사육과 조련도 함께 담당하였다.

목장마의 군마 지급은 다음의 세 가지 형태로 이루어졌다. 첫째는 여러 목장마를 서울의 금위영 군사에게 지급하여 유사시에 대비토록 하였다.[110] 둘째는 좌의정 유순정이 여러 목장에서 탈 수 있는 마필을 골라낸 다음, 고을의 크기에 따라 큰 고을은 2필, 작은 고을은 1필을 분양하여 조련하되, 분양마를 조련하지 못하면 수령을 파직하고, 사복시가 직접 1백 필의 군마를 조련할 것을 주장하였다.[111] 셋째는 영사 정광필이 여러 목장을 시찰할 때 준마 15필 정도를 수영과 병영 및 각 고을에 분양하여 조련한 다음, 관찰사에게 간택하여 봉진케 하면 국가에 이익이 된다고 하였다.[112] 결과적으로 여러 목장마가 분양되는 통로의 다양화와 함께 목장마가 도성의 금위영 군사와 각 고을의 관아 및 지방의 수영과 병영에 분양되는 과정이 밝혀진 셈이다.

2. 어승마의 호위와 군마의 조련

지금까지 궁중의 내구마와 각 고을의 분양마에 대해 살펴보았다. 여기서는 어승마의 호위와 군마의 조련에 대해 살펴보고자 한다.

그러면 임금이 타는 수레,[113] 즉 어가의 주위에 세우는 어마의

---

110) 『成宗實錄』 卷262, 成宗 23年 2月 甲辰.

111) 『中宗實錄』 卷16, 中宗 7年 6月 乙巳.

112) 『中宗實錄』 卷22, 中宗 10年 8月 乙卯.

조련은 어떠한가. 조선시대 왕의 행차인 어가행렬은 권력과 권위를 보여주기 위해 매우 장엄하고 화려하게 거행되었다. 『조선왕조실록』에는 왕의 즉위 때, 정월초하루, 한식, 단오, 추석, 동지 등과 같은 큰 명절에 태조의 건원릉과 동구릉을 참배한 일들이 여러 차례 기록되어 있다. 따라서 당시 어가행렬에는 전방과 좌·우측면에 어마를 배치하였으며, 이때 왕의 호위에 참여한 어마는 조련이 잘된 내구마로 엄선하였다.

그런데 당시 어가의 전방과 좌우 측면에 세우는 어마는 대가(大駕)와 법가(法駕) 및 소가(少駕)에 따라 그 숫자에 차이가 있다. 즉, 대가 행렬의 어마는 총 18필인 바, 전방에 2필, 좌우에 각각 8필을 세웠고, 법가행렬의 어마는 총 14필로서 전방에 2필, 좌우에 각각 6필을 세웠으며, 소가행렬의 어마는 총 8필인데, 전방에 2필, 좌우에 각각 3필을 세웠다.[114] 특히 대가는 중국 칙사를 맞이하거나 종묘와 사직에 제사드릴 때의 왕의 행차로서 가장 성대하였다. 대가 행차 때 왕은 면류관과 구장복을 착용하였으며, 1만 명 정도의 인원이 동원되었다.

---

113) 왕이 타는 수레는 말이 끄는 수레와 사람이 메는 輦과 輿가 있다. 조선건국 직후 왕의 거가는 象輅라고 부르는 말이 끄는 수레였다. 상로는 황제가 사용하던 다섯 가지 수레 중의 하나였는데, 조선에서는 세종대까지 사용되었다. 그러나 『國朝五禮儀』에서는 연으로 대체되었다. 연과 함께 왕의 거가를 대표한 것이 여라고 하는 가마다. 연은 지붕이 있고, 여는 지붕이 없으며, 연은 궁궐 밖에서 사용한 반면, 여는 궁궐 안에서 사용한 차이가 있다. 한편 왕의 거가는 안장을 갖춘 坐馬와 수레형 가마인 駕轎가 있다. 좌마와 가교는 왕이 군사훈련을 가거나 도성 밖으로 행차할 때 사용하였다.

114) 『世宗實錄』 卷120, 世宗 30年 6月 甲子.

법가는 대가보다 약간 작은 규모로 선농단·성균관·무과 전시(殿試) 때의 행차였다. 그리고 소가는 작은 수레라는 뜻의 작은 행차로서 능에 참배하거나 평상시의 대궐 밖 행차 및 활쏘기를 관람할 때에 이용하였으며, 왕의 복장은 군사훈련과 관련된 전투복 차림이었다.

이와 함께 왕의 행차에 동원되는 의장물을 노부(鹵簿)라고 하였다. 그런데 노는 방패를 뜻하는 노(櫓)와 통하고 부(簿)는 문서 또는 깃발이라는 뜻으로 제왕의 행차 때 동원되는 방패와 깃발이 의장물을 대표하였으므로 노부는 의장물을 뜻한다. 노부 역시 어가의 규모에 따라 대가노부, 법가노부, 소가노부로 구분하였다.

왕의 행차 때 동원되는 방패와 깃발 등의 의장물이 어가의 전방과 좌우에 세우는 어마를 놀라게 하는 경우가 많았는데, 이때마다 조련을 담당하는 내승을 처벌하였다. 사실, 내구마가 놀라는 정도는 말에 따라 각각 차이가 있을 수 있다. 그러나 어가를 따르는 1만 명의 군사는 어마의 경계 대상이었을 것이며, 처음으로 접한 수많은 깃발과 북소리는 초행의 어마에게 공포감을 주었을 것이다.

한편 어마가 바람에 펄럭이는 깃발과 귀에 익숙하지 않는 타악기 소리에 놀라는 경우도 많았다. 따라서 어마를 길들일 때 기휘나 고각 소리에 눈과 귀를 익숙케 하도록 조련할 필요가 있었는데, 기휘(旗麾)는 깃발과 장대기를, 고각(鼓角)은 북과 나팔을 뜻한다. 특히 주간에 높이 휘날리는 장수의 장대기와 취타수의 소리는 어마의 귀와 눈을 자극하여 날뛰게 하는 요인이 되었다고 할 수 있다.

한편 어승마와 군사들의 군마는 실전과 같은 기마전을 통해 기동력과 상황을 파악하는 종합적 능력을 갖추었다. 이때 호마를 탄 기병의 무기는 칼과 활, 창, 총 등의 살상무기가 있고, 말과 무사를 보호하는 갑옷과 방패 등의 방호무기가 있는데, 기병의 무기는 창과 칼이 기본이었다.

그러나 여진과 중국 및 조선 기병의 전투 방식은 서로 달랐다. 즉 여진은 기병이 들판에서 화살로 접전하여 승부를 결정하였고, 중국은 강한 쇠뇌[弩]로 성을 굳게 수비하여 적의 사기가 떨어지기를 기다렸다.[115] 반면에 조선의 기병은 여진의 기병을 상대로 기마전을 전개할 경우, 먼저 대포를 쏘아 대열이 흩어지면, 이어서 기병이 창과 활을 가지고 공격하도록 조련하였다.

그리고 중국을 상대로 기마전을 전개할 때는 모든 주진의 성을 높이고 해자를 깊이 파서 강노(强弩), 독시(毒矢), 뇌석(雷石), 화전(火箭)으로 공격한 다음, 적군이 퇴각하거나 후퇴할 때 성문을 열고 기병을 출격시켰다. 이와 같은 실전 같은 기마전을 통해 내구마와 군마의 조련능력이 향상되었을 것으로 여겨진다. 한편으로 조선시대는 여진과 국경을 접한 경우가 지속되는 바, 이것이 기병의 조련을 중시하는 요인이 되었는데, 다음의 사료가 그것을 요약하여 설명하고 있다.

> 병조에서 아뢰기를, "기창세(騎槍勢)는 두 기군(騎軍)이 마주 서서 상거하기를 1백 50보로 하여 북소리를 듣고 말을 달려 각각 좌우로 창을 휘두르는 형세를 짓고, 모두 앞으로 빨리 달려 3, 40보를 격하여 서로 창을 부딪치는 형세를 짓습니다. 서로 말을 머뭇거리면서 서로 보고 서로 부딪쳐 혹 물리치기도 하고 피하기도 하되, 3회에 지나지

---

115) 『高麗史節要』 卷10, 仁宗 14年 10月.

아니하며, 한 기병이 먼저 달아나서 배창세(背槍勢)를 지으면, 한 기병이 쫓아 달려서 창을 부딪치는 형세를 짓습니다. 달아나는 자는 혹왼쪽으로 혹 오른쪽으로 가며, 쫓는 자는 좌우로 번갈아 창을 부딪치는 형세를 짓는데, 부딪친 뒤에 잘못 부딪쳐서 옆으로 나가면, 달아나던 자가 빼앗아 도로 쫓아서 왼쪽으로 휘두르며 부딪치고, 오른쪽으로휘두르며 부딪치고, 그릇 부딪쳐 옆으로 지나가면 달아나던 자가 다시창을 빼앗아 도로 부딪치고 치기를 위와 같은 형세로 합니다. 징소리를 듣고 말을 달려 돌아서 좌우로 창을 휘두르며 착창세와 배창세를지으며 그칩니다.[116]

위 사료는 기마전에서 공격하는 기창세와 방어하는 배창세를 조련하는 내용이다. 전자의 기창세는 창을 가진 두 기병이 1백 50보의간격을 두고 정면에서 적진으로 돌격하다가, 3, 40보 거리에서는 서로 창을 부딪치는 형세를 취한다. 후자의 배창세는 한 쪽이 달아나면서 창을 뒤로 돌려 찌르는 것을 말하는데, 이때 다른 한쪽은 창을부딪치는 형세를 취했다. 여진은 중국의 쇠뇌[117] 공격을 막아내기위해 일찍부터 철기병을 발전시켰다. 철기병은 말에게 갑옷과 투구를 입히고 무사가 갑주로 무장했는데, 여진은 부대의 좌우측에 철기병을 배치하여 전투가 치열할 때 진격하였다.

따라서 조선이 여진을 상대하려면 철기병을 선봉에 세워 돌격하는 전술이 필요하였다. 즉 내구마와 군사들의 군마를 이용한 기마전에서는 여진군과 대치할 때를 상정하여 치고 찌르는 법을 가르쳐

---

116)『世宗實錄』卷52, 世宗 13年 6月 甲午.
117) 강건작, 2005, 『무기와 전술』, 83~93쪽.

선봉에 세웠다. 즉, 조선의 기병은 일반적으로 칼보다는 창을 선호
했는데, 말의 기동력이 떨어지는 구릉이나 산악지대에서 여진군과
대치할 때는 창을 가진 조선군이 유리하였다. 따라서 여진군과 기마
전이 예상되는 조선시대는 반드시 기창세와 배창세를 수련해야 했
으며, 이를 무과나 갑사의 취재 때 필수과목으로 선정하였다.

또한 몽골의 기병이 금속의 통에 화약과 탄환을 채워서 발사하는
총통(銃筒)[118]을 사용한(1332년) 이후 조선의 중장기병도 임란 이후
부터 총통과 총을 사용하였다. 특히 조선의 작은 승자총통(勝子銃筒)
은 현대식 소총과 거의 비슷한 외형을 가졌는데, 포를 쏘면 화염
때문에 앞을 분간하지 못할 뿐만 아니라, 폭발음이 커서 여진의 기
병이 혼비백산하였다.

따라서 조선군이 야인을 제압하고 4군 6진을 설치할 수 있었던
것은 화약무기인 화포와 화전 및 총통을 기마전에 효과적으로 사용
한 결과였다. 그리고 기병의 개인화기 중 총구가 3개인 삼안총을
사용하였지만, 빠른 기동력으로 위치가 순간적으로 변하는 기마전
에서는 효과가 크지 않았다. 그러나 이와 같은 총을 이용한 일련의
군마 조련은 군마가 총소리에 익숙해지는 데에 큰 효과가 있었다.

그리고 군마의 기마전은 지형과 위치에 따라 평지기마전, 산악기
마전, 성곽기마전으로 구분하는데, 조선의 중장기병은 적군의 부대
배치에 따라 전술의 형태를 다르게 하였다. 평지에서 여진과 기마전
을 전개할 때는 장창을 든 조선의 중장기병이 깃발과 북소리 요란한
적진 속으로 달려가 깃발을 빼앗고, 적장을 베면 아무도 대적하지

---

118) 이홍두, 2007, 「고려의 몽골전쟁과 기마전」, 『역사와 실학』 34, 35~44쪽.

못했다.

또한 마갑(馬甲)과 갑옷·투구·방패로 무장한 중장기병이 창을 가지고 적진으로 돌진하여 적의 대열이 흩어지면 뒤따르는 보병이 적군을 살상하였다. 또한 적이 후퇴하면 말을 탄 궁수가 좌우측면에서 추격하였다. 측면의 궁수는 전술에 따라 빠른 기동력으로 적의 후방을 공격하기도 했다.

특히 여진의 기병은 산골짜기에 기거하면서 모이고 흩어지는 것이 자유롭고, 지형이 험한 곳으로 유인하며, 야음을 틈타 기습공격을 감행했는데, 그것은 산악기마전을 위해 달단마의 발바닥에 마제철(馬蹄鐵)을 붙였기 때문에 가능하였다. 그러나 조선의 기병은 여진을 제압하고 4군 6진을 설치한 바, 그것은 화약무기인 화포와 화전·총통을 기마전에 효과적으로 사용한 결과였다.

한편 임진왜란시기의 기마전을 보면, 일본군은 전술적으로 유리한 지형을 선점하여 울타리를 만들고 참호를 설치하였다. 그리고 조총부대와 창검부대를 숲속에 매복하고 일시에 공격했는데, 원거리에서는 조총을, 근접전에서는 단검을 사용하였다.

그러면 기창세에 능한 신립장군의 휘하 기병대는 왜 탄금대전투에서 일본군에게 패배했을까. 그것은 신립장군이 조선의 활보다 투사거리가 먼 조총의 위력을 간과하였기 때문이다.[119] 따라서 순찰사 권율의 행주성대첩 이후 조선군의 기마전은 "선수비 후공격"의 수성전술로 전환되었다. 즉, 조선 초기 북방의 여진을 상대로 전개된 공격적 기마전이 임란 이후부터는 성을 지키는 방어적 수성전(守成

---

119) 이홍두, 2006, 「임진왜란초기 조선군의 기병전술」, 『백산학보』 74, 270~275쪽.

戰)을 전개하다가 적진에 틈이 보이면 성문을 열고 출격하는 성밖 기마전을 전개하였다.[120]

그러나 수성전을 바탕으로 한 이러한 개문출격 기마전은 병자호란 때 청나라 팔기군의 침공 때도 크게 변하지 않았다. 청나라 팔기군의 공격방법은 부대를 주대(駐隊)와 전대(戰隊)로 구분하여 전대가 공격하여 승기를 잡으면 일제히 공격하고, 성과가 없으면 주대가 공격하고 전대는 돌아와 휴식을 취했다. 즉, 적이 한쪽에서 공격해 오면, 그들은 양 쪽에서 공격하고, 적이 양쪽에서 공격해 오면 일부 병력을 돌려 적의 후방을 공격하였다.

그리고 적이 사방에서 공격해 오면 원형진으로 대응하였으며, 적이 도주하면 즉각 추격하였다. 정묘·병자호란 때 조선군은 수성전을 전개하면서 기병을 성 밖으로 출격시켰으나 모두 패배하였다. 다만 정봉수 의병장이 지휘하는 용골산성전투[121], 김준룡의 광교산 기마전[122]만이 성 밖 기마전에서 승리하였다.

---

120) 이홍두, 2006, 앞의 논문, 281~287쪽.
121) 이홍두, 2010, 「청나라의 조선침공과 기마전」, 『역사와 실학』 42, 287~259쪽.
122) 이홍두, 2022, 「병자호란시기 남한산성과 광교산의 기마전」, 『수원학연구』 19, 87~94쪽.

Ⅳ.
마목장 치폐의 여러 형태

1. 마목장 폐지와 둔전 개발론

강화도 마목장의 폐지는 임진왜란 이후 정치·사회경제·군사적 제반 질서가 붕괴되면서 나타났으며, 병자호란 이후 본격적으로 진행되었다고 할 수 있다. 특히 마목장 안에 둔전(屯田)을 설치하여 군량을 생산한 것도 마목장 폐지에 일정한 영향을 준 것으로 보인다.

강화도 마목장을 폐지하는 데는 다음 두 가지 문제가 기폭제 역할을 하였다. 먼저 두 번의 큰 전란으로 인해 농지가 황폐한 상황에서 유민들이 강화도로 대거 유입하였고, 다음으로 후금의 침공을 양서 (兩西)에서 방어치 못할 경우에 대비하여 강도와 남한산성을 정비하고 수도권을 확보하여 지구전을 전개한다는 수도방위론이다.

즉, 강화도 방어체제를 확립하려면, 진보를 설치해야 하는데,[123] 이때 국가는 농민들에게 일정량의 토지를 지급할 수밖에 없었다.

---

123) 이홍두, 2008, 「병자호란 전후 江都의 鎭堡설치와 관방체계의 확립」, 『인천학연구』 9.

다시 말해서 양란 이후 강화도의 인구증가와 후금이 침입하면 국왕을 강도로 옮기는 수도방위계획은 강화도 마목장 폐지를 가속화시켰다. 따라서 여기서는 강화도 마목장의 폐지 문제를 둔전 개발론과 관련하여 살펴볼 것이다.

성종대에 마목장을 폐지하자는 주장이 처음 제기되었고,[124] 중종대 말기에는 마목장을 축소 내지는 이전해야 한다는 주장이 거듭되었다.[125] 즉, 성종대부터 오랜 태평이 지속되어 마목장을 경작지로 전환하였고, 연산군대에는 정치기강이 무너져 마목장이 권세가의 사유지가 되었으며, 중종 즉위 초기에는 마목장을 복설하였지만, 말기에 와서는 마목장의 경작지 전환을 막지 못했다.

그런데 성종과 경기 관찰사 성건은 보음도 마목장을 폐지하고 둔전을 개간하자는 것에 찬동한 반면, 사복시는 마목장 폐지를 반대했던 것으로 보인다. 성종은 동왕 18년(1487) 1월 26일 성건의 건의를 접하고, 사복시정 강귀손(姜龜孫)을 강화도에 보내 사실 관계를 살피도록 지시하였다. 그런데 여기서 성종이 사복시를 참여시킨 것은 마목장 폐지를 위한 명분 쌓기의 한 수순으로 보인다.

같은 해(1487) 2월 19일 시강원 특진관 김승경(金升卿)은 중대한 문제를 사복시에게만 맡길 수 없다고 하면서 사복시 제조, 호조 당상관, 경기 감사를 함께 보내 살피도록 하자고 건의하자, 성종이 이를 받아들인 사례가[126] 그것을 입증한다. 그리고 동년 3월 4일 보음

---

124) 『成宗實錄』 卷199, 成宗 18年 1月 丁卯.
125) 『中宗實錄』 卷94, 中宗 36年 1月 甲辰.
126) 『成宗實錄』 卷200, 成宗 18年 2月 己丑.

도에 다녀온 호조판서 이덕양(李德良)과 경기 관찰사 성건이 보음도 둔전 배치도를 그려 올리고서 "보음도 둔전은 월곶의 선군으로는 경작할 수 없으므로 목장을 옮겨야 한다"[127]고 말했다. 이와 같은 강압적인 분위기에서 사복시의 견해[128]는 소수 의견으로 묻히고, 성종은 고위관료들의 후견인을 자초한 것으로 보인다.

그런데 성건이 동년(1487) 9월 15일 대사헌이 되면서 "강화도는 목장으로 긴요하지 않을 뿐만 아니라 땅이 기름지니, 둔전으로 개간해야 한다"[129]고 건의하자, 성종이 이에 동의함으로써 보음도목장을 폐지하고 둔전을 설치하였다.

성종대에 이르러 권세가가 목장을 사유화 하는 현상은 이 시기에 양반지배층의 사적 토지 소유에 기초한 농장의 확대와 맥락을 같이 한다.[130] 권세가의 농장 사유화는 연산군과 중종대에 이르러 더욱 심화되었는데, 이는 목장 폐지의 직접적 요인이 되었다. 결과적으로 목장 폐지는 군마의 숫자를 감소시켜 전투력의 약화를 초래하였고, 이 같은 상황이 임진왜란 초기전투에서 치욕적인 패배를 가져왔다.

임진왜란시기에 전국의 대부분 마목장이 일본군의 수중에 들어갔지만, 강화도 마목장은 유지되었다. 특히 선조 26년(1593) 강화도 마목장이 섬 전체 면적의 3분의 2를 차지한 상황에서 비변사 대신들

---

127) 『成宗實錄』卷201, 成宗 18年 3月 甲辰.
128) 사복시 제조 尹壕는 1487년(성종 18) 4월 25일 "강화도 보음도는 바다 가운데 섬인데다가 경작할만한 땅도 많지 않는데, 호조에서 둔전으로 경작을 요청했다고 하면서 목장을 개간하게 될 조짐이 이로부터 시작되어 馬政이 실패할 듯하니, 경작을 허락하지 말도록" 간청하였다. 그러나 성종은 이를 윤허하지 않았다.
129) 『成宗實錄』卷207, 成宗 18年 9月 辛亥.
130) 이홍두, 1999, 『朝鮮時代 身分變動 研究』, 혜안, 56쪽.

이 둔전 설치를 건의하였고, 선조가 이에 동의함으로써[131] 진강목장
둔전이 설치되었다. 또한 선조 28년 사간원에서 강화도를 보장으로
삼기 위해서는 곡식도 심고 군사도 훈련시키는 둔전의 확보가 시급
한 과제라고 하면서 마목장 폐지를 건의하였다. 그러나 선조는 국가
의 마목장을 사사롭게 개인에게 경작토록 하는 것은 부당하다고 하
면서 이를 허락하지 않았다.[132]

그러면 선조가 강화도 마목장 폐지를 강력하게 반대한 이유는 무
엇일까. 그것은 당시 남쪽의 마목장 중 절반이 적의 수중에 넘어갔
는데, 만약 적이 남쪽 미목장 전부를 소유하고, 제주의 선로가 막힌
다면, 강화도의 진강·신도·거을도·미법도·장봉도·북일·매음도·
주문도목장이 유일한 대안이었기 때문이다.[133] 따라서 선조 당대에
는 목장을 폐지하여 그것을 경작지로 개간하는 일은 없었다.

2. 마목장 폐지의 민생론과 혁파론의 대립

강화도 목장을 경작지로 전환하려는 현상은 광해군대에 와서 더
욱 확대되었다. 그것은 후금이 동북아시아의 새로운 군사강국으로
부상함에 따라 강도를 수도의 보장"으로 삼았던 수도방위론과 관련
이 있다. 즉, 고려시대 경험으로 볼 때 강화도는 전쟁을 피할 수 있는
곳인데, 그 조건은 식량을 자체적으로 생산하거나 비축해야 되기

---

131) 『宣祖實錄』卷46, 宣祖 26年 12月 乙丑.
132) 『宣祖實錄』卷66, 宣祖 28年 8月 丁卯.
133) 『宣祖實錄』卷98, 宣祖 31年 3月 己酉.

때문에 마목장을 폐지할 수밖에 없다는 것이다.

그러나 마목장을 폐지하는 문제는 관료들의 견해가 서로 상반되었다. 고위 관료들은 강화도가 믿을 수 있는 피난처가 된다면 목장을 폐지하고 수백 필의 관마(官馬)도 포기할 수 있다고 생각한 반면, 말사육과 목장관리가 임무였던 사복시[134] 관원들은 마목장을 폐지하거나 통합하는 것을 반대하였다.

경기감사 심열(沈悅)이 진강목장의 절반을 떼어내 전지로 전환하고, 진강목장의 말들은 이웃의 길상목장과 북일목장에 옮겨 방목하자는 장계를 올리자, 비변사는 이에 찬동했지만, 사복시 제조들이 이를 반대하였다.[135]

강화도 본섬의 진강목장, 길상목장, 북일목장 세 목장은 말을 사육하는 환경에 큰 차이가 있다. 특히 마목장의 넓이와 토질의 비옥도는 진강목장이 최상이었다. 따라서 임진왜란 이후 경작지 부족이 일반적 사회현상이 된 상황에서 강화도 진강목장을 축소하여 거주민에게 토지를 분급한다는 주장이 명분을 얻을 수 있었다.

그러나 이와 같은 양민론의 이면에는 토지를 사유화 하려는 고위

---

134) 司僕寺는 병조에 소속된 정3품 아문으로 말 사육, 전국의 목장관리, 왕의 가마관리, 목자 보호 등의 실무를 관장하고 집행했다. 提調 2명과 사복시의 장으로서 정3품의 正 1명을 임명하고, 그 밑에 종3품의 副正 1명, 종4품의 僉正, 종5품의 判官 1명, 종6품의 主簿 2명을 두었다. 雜職의 馬醫 10명을 두었는데, 종6품의 安驥 1명, 종7품의 調驥 1명, 종8품의 理驥 2명, 종9품의 保驥 2명으로 구성했다. 吏屬은 書吏 15명, 諸員 600명, 差備奴 14명, 根隨奴 8명을 배치하였다(『經國大典』 卷1, 吏典, 京官職·雜職·京衙前 司僕寺條 및 卷4, 兵典, 京衙前 司僕寺條, 그리고 卷5, 刑典, 諸司差備奴·根隨奴定額, 司僕寺條).

135) 『光海君日記』 卷10, 光海 卽位年 11月 壬辰.

관료들의 탐욕이 내재해 있음을 알 수 있다. 그리고 실제로 진강목장의 말을 두 마목장의 말과 합쳤을 경우, 말들이 서로 물고 싸워서 죽는 말이 많았을 것이다. 아무튼 진강목장을 절반으로 축소하여 농지로 전환하는 문제는 광해군이 사복시의 견해에 찬동함으로써 뜻을 이루지 못했다.

인조 때에는 정묘·병자호란을 거치면서 마목장을 폐지하고 그곳을 전지(田地)로 전환하자는 주장이 더욱 거세졌다. 특히 인조 5년(1627) 4월 정묘호란 직전에 비변사가 "섬 안에는 마목장이 반을 차지함으로 병란을 피해서 강화도로 들어올 서울의 남녀, 인근 고을의 백성들, 왕실의 어가와 백관들을 수용할 수 없으니, 마목장을 폐지하지 않으면, 보장(保障)의 계획이 허사가 된다"고 하였지만, 인조가 이를 승낙하지 않았다.

한편 효종 때에는 병자호란을 거치면서 전국의 목장이 황폐했지만, 진강목장을 개축함으로써 벌대총(伐大驄)이라는 진강의 용마를 산출하였다.[136] 그러나 현종 6년(1665)에는 서필원(徐必遠)이 섬의 마목장을 혁파하여 백성들에게 경작하도록 할 것을 주장하였고,[137] 동왕 12년(1671) 서필원이 다시 상소하여 매음도목장을 폐지하고 백성을 모아서 경작하기를 청했다.[138]

숙종 9년(1683)에는 강화 유수 조사석(趙師錫)이 강화도의 진강·주문도·장봉도목장의 세 곳 목장은 모두 비옥한 땅인데, 마목장을

---

136) 『增補文獻備考』 卷125, 兵考 17, 馬政.

137) 『顯宗改修實錄』 卷13, 顯宗 6年 9月 辛亥.

138) 『顯宗改修實錄』 卷23, 顯宗 12年 2月 戊申.

설치한 것은 매우 안타까운 일이라고 하였다. 효종이 진강목장을
폐지하려다가 명마를 산출한다고 하여 다시 설치했지만, 지금은 노
둔한 말들만 생산되기 때문에 목장을 옮기고, 백성들에게 개간을
허락하도록 주청하였다.

　그러나 사복시 제조 김수흥(金壽興)이 "효종께서 폐지하지 못하게
한 것은 그 뜻이 있을 것"이라고 주장하여 조사석의 주장을 무산시
켰다.[139] 그리고 동년(1683) 8월에는 강화 유수 서민서(徐敏敍)가 북
일목장을 다른 곳으로 옮기고 인호(人戶)를 불러 모아 보장의 대계를
완성하도록 청하기도 하였다.[140] 그런데 숙종 30년(1704) 송가도에
목장을 설치하려고 할 때 호조판서 홍수헌(洪受瀗)이 『동국여지승
람』에 그 이름이 없다하여 반대하였으나, 국왕의 명으로 설치하여
사복시에 소속시켰다.[141]

　무자년(1708)에 강화 유수였던 박권(朴權)이 진강목장을 혁파할 것
을 주청하여 숙종의 윤허를 받는데, 당시 사복시 낭청이 적간한
품목에서 마목장 혁파를 반대함으로써 진강목장 혁파가 무산되었
다.[142] 그러나 강화 유수 조태노가 양란 이전에 2천호의 인구가 7천
호로 증가한 바, 경지를 확보하기 위해서는 북일목장 폐지가 타당하
다고 하였다.[143]

　진강목장의 혁파는 숙종 34년(1708)에 당시 강화 유수였던 박권

---

139) 『肅宗實錄』卷14, 肅宗 9年 1月 乙丑.
140) 『肅宗實錄』卷14, 肅宗 9年 8月 壬寅.
141) 『肅宗實錄』卷39, 肅宗 30年 7月 戊午.
142) 『肅宗實錄』卷48, 肅宗 36年 6月 癸亥.
143) 『肅宗實錄』卷52, 肅宗 38年 12月 乙卯.

이 농업에 방해가 된다는 이유로 혁파를 주청하여 숙종의 윤허를 받았지만, 사복시 낭청의 반대로 목장 혁파가 무산되었다.[144] 따라서 숙종 36년(1710) 6월 29일에 강화 유수 민진원(閔鎭遠)이 그동안 사복시의 적간으로 폐지가 유보되었던 진강목장 폐지를 또다시 주청하였다.

이에 숙종은 당시 사복시 제조였던 영의정 이반에게 그때 반대했던 이유와 2년이 지난 현재의 상황에서 이 문제를 어떻게 생각하는지를 물었다. 이반은 2년 전 사복시는 전국의 마목장 중에서 진강목장을 가장 중요한 목장으로 여겼을 뿐만 아니라 효종이 여러 반대를 무릅쓰고 복설하였기 때문에 진강목장의 폐지가 부당하다고 생각하였는데, 지금은 강도를 보장으로 삼았기 때문에 수초가 많은 곳을 골라서 종마를 옮겨준다면 혁파할 수 있다고 대답하였다.

숙종은 결국 그가 신임하는 전 사복시 제조였으며, 현 영의정 이반의 말을 듣고, 진강목장을 폐지하되, 그곳의 말들을 다른 섬으로 옮기는 조건으로 진강목장의 폐지를 결정하였다.

그러나 진강목장을 혁파한 땅은 서울의 세력가들이 대분을 차지하였고, 강화도 백성들은 소외되었다. 이 같은 상황에 직면하자, 숙종은 "목마의 이익을 잃었을 뿐만 아니라 백성을 이롭게 하지 못해 한 번에 두 가지를 잃었다"[145]고 개탄하였다.

이후 국가는 강화도 백성들의 호구지책을 우선적으로 반영한다는 관료들의 정치논리에 따라 숙종 38년(1712) 5월 13일 북일목장을

---

144) 『肅宗實錄』卷46, 肅宗 34年 12月 乙巳.
145) 『肅宗實錄』卷51, 肅宗 38年 5月 乙未.

폐지하였다. 따라서 진강목장과 북일목장을 혁파한 명분은 민생의
구제였지만, 재경 부재지주인 세력가들이 전지를 차지함으로써 새
로운 사회문제가 되었다.

  결국 강화도 마목장은 숙종 때 본섬의 진강목장과 북일목장이 폐
지되었고, 고종 때에는 부속섬의 매음도목장이 폐지되었다. 그리고
부속섬의 나머지 목장들도 정조 때에는 40~50필의 목장으로 전락
하였으며, 순조 11년(1811)까지 겨우 그 명맥을 유지하였다.[146)]

---

146) 『純祖實錄』卷14, 肅宗 11年 3月 戊寅.

제4장

남양부 마목장의 설치운영과
폐지의 양상

I.
마목장의 설치와 운영

    남양도호부는 현재 화성시 남양읍과 안산시 대부동 및 인천광역시 옹진군 영흥면 일대로서 고구려·백제·신라 삼국의 전략적 요충지였다.[1] 그리고 고려시대는 쌍부현이라 칭했는데, 현종 9년(1018) 수주(수원)의 속군으로 편입되었다. 충선왕 2년(1310)에 남양부가 되었다가,[2] 조선시대 태종 13년(1413)에 도호부로 승격되었다.

    『세종실록』 지리지에서 확인할 수 있는 남양도호부의 마목장은 모두 3개다. 대부도·덕적도·사야곶이도(土也串島: 새곶이)목장이 그 것인데, 아래의 사료를 통해 그 대략을 파악할 수 있다.

    가) 대부도목장은 화지량(花之梁)의 서쪽 2리에 있다. 길이가 30리

---

1) 삼국시대 초기에는 이곳이 백제의 영역에 속해 唐城으로 불렸다. 고구려 장수왕이 잠시 이곳을 점령하였지만 백제 성왕이 곧 영토를 회복하였다. 특히 신라 진흥왕이 이곳을 빼앗아 당항성으로 불렸으며, 경덕왕은 동왕 16년(757) 唐恩郡이라 칭했다.
2) 충렬왕 16년(1290) 홍다구의 고향이라 하여 익주로 승격되고 지익주사가 파견되었다. 이후 익주목이 설치되었다. 그러나 충선왕 2년 전국의 牧이 혁파되면서 다시 남양부가 되었다.

고, 너비가 15리며, 경기 좌도 선군영(船軍營)의 밭 1백여 결이 있다. 그리고 국마 4백 18필을 방목하는데, 염부 4호가 살면서 돌보게 한다.[3]

나) 덕적도목장은 소홀도 남쪽 60리에 있다. 예전에는 인물도(仁物島)라고 하였으며, 둘레가 15리다. 국마 2백 57필을 방목한다.[4]

다) 새곶이[士也串島]목장에서는 국마를 방목한다.[5]

위 사료 가)는 대부도목장의 둘레가 30리 정도의 큰 목장인데, 염부 4호가 상주하면서 국마 4백 18필을 돌보고 있다는 내용이고, 나)는 덕적도목장의 둘레가 15리인데, 국마 2백 57필을 방목하고 있으며, 다)는 새곶이목장에서는 국마를 방목하고 있음을 설명하고 있다. 가)·나)·다)를 종합하면, 조선 초기 국가에서는 마목장의 설치를 확대하는 정책에 따라 경기도 남양도호부의 3개 섬에 마목장을 설치했다고 하겠다.

여기서 경기 좌도 선군영은 경기 좌도 수군첨절제사영으로 그 본영이 남양도호부 화지량에 있었는데, 선군영의 수군들이 대부도 둔전 경작을 위해 섬을 왕래하면서 국마도 함께 관리했음을 알 수 있다. 한편으로 대부도 염부들이 목자를 대신하여 마목장의 말들을 돌보자, 국가는 목장을 돌본 염부에 대한 노고의 대가로 '어염지리(魚鹽之利)'를 보장하였다.

이 같은 두 가지 사실을 통해 조선왕조가 수군들에게 어염의 역을 면제한 대가로 목자의 역을 담당케 했음을 알 수 있다. 즉, 조선시대

---

3) 『世宗實錄』 卷148, 地理志, 京畿 水原都護府 南陽都護府.
4) 앞의 주와 같음.
5) 앞의 주와 같음.

태조 때까지 대부도에 거주하는 수군들은 조운에 동원되고 배를 만들며 농사와 소금을 굽는 일로 역이 번다하였다. 그런데 정종은 수군들이 지는 어염의 역을 면제하고,[6] 염부들이 수군을 대신하여 어염의 역을 수행토록 하였다. 다시 말해서 정종 때 와서 수군들의 어염의 역이 면제되고, 그 대가로 목자의 역할을 수행했다고 하겠다.

덕적도목장은 남양도호부에서 4백리 바다 밖에 있어서 왕래가 어려웠다. 그러나 덕적도에는 백성이 많이 살고 땅이 비옥할 뿐만 아니라 삼남의 뱃길로 통하는 해안 방어의 요충지였다. 세종 원년(1419) 경기 좌도 수군첨절제사 이각이 병선을 건조하여 덕적도에 대기시키면, 왜구를 격퇴할 수 있다고 건의하자, 세종이 이를 받아들였다.[7] 따라서 덕적도에 병선이 배치되면서 수군들의 숫자가 증가했으며, 그 결과 2백 57필의 국마를 방목할 수 있었다.

『세종실록』 지리지의 남양도호부 마목장

소관 읍명	관할 읍명	목장명	둘레	마필 수	비고
수원 도호부	남양 도호부	대부도(大部島)	30리	418	
		덕적도(德積島)	15리	257	성종 17년 인천도호부에 소속
		새곶이[士也串島]	10리		성종 17년 인천도호부에 소속

『신증동국여지승람』의 찬자는 남양도호부 마목장에 대해 다음과 같이 설명하고 있다.

---

6) 『定宗實錄』 卷1, 定宗 元年 1月 戊寅.

7) 『世宗實錄』 卷5, 世宗 1年 8月 癸未.

가) 대부도는 남양도호부의 서쪽 53리 되는 곳에 있으며, 목장이 있다.[8]

나) 덕적도는 인천도호부의 서쪽 1백 20리에 있으며, 주위가 30리이고, 목장이 있다. 본래는 남양도호부에 소속이었는데, 성종 17년에 인천도호부로 옮겨 붙였다.[9]

다) 영흥도는 대부도 서쪽에 있으며, 목장이 있다.[10]

라) 독갑도는 덕적도 남쪽에 있으며, 주위가 25리이고, 목장이 있다.[11]

마) 승황도는 독갑도 서남쪽에 있으며, 주위가 45리이고, 목장이 있다.[12]

바) 이작도는 독갑도 동쪽에 있으며, 주위가 35리이고, 목장이 있다.[13]

사) 어질도는 남양도호부의 서쪽에 있고, 목장이 있다.[14]

아) 소홀도는 안산군 서쪽 15리에 있으며 주위가 32리이고, 목장이 있다. 본래 남양도호부에 소속되었는데, 성종 17년에 안산군에 옮겨 붙였다.[15]

자) 풍도는 성종 17년에 수원부에 옮겨 붙였다.[16]

차) 사야곶이도는 인천도호부의 서쪽 1백 18리 되는 곳에 있으며,

---

8) 『新增東國輿地勝覽』 卷9, 京畿 南陽都護府 山川條.
9) 앞의 책, 卷9, 京畿 仁川都護府 山川條.
10) 앞의 책, 卷9, 京畿 南陽都護府 山川條.
11) 앞의 주와 같음.
12) 앞의 주와 같음.
13) 앞의 주와 같음.
14) 앞의 주와 같음.
15) 『新增東國輿地勝覽』 卷9, 京畿 安山郡.
16) 『新增東國輿地勝覽』 卷9, 京畿 南陽都護府 山川條.

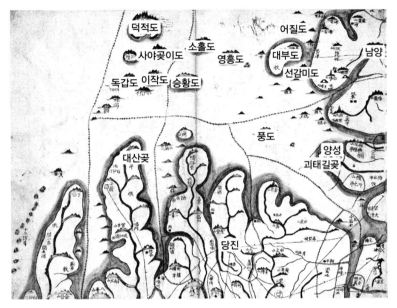

「대동여지도」의 남양부 마목장

주위가 10리이고 목장이 있다. 본래 남양도호부에 소속되었는데, 성종 17년에 인천도호부에 옮겨 붙였다.[17]

위 사료는 『세종실록』 지리지 편찬 이후 남양도호부에 설치한 마목장의 총 숫자가 10개였음을 설명하고 있다. 그런데 이 시기 남양 도호부 마목장 소속의 변동은 두 시기로 구분할 수 있다. 먼저 세종 대 후반부터 성종 16년까지 증가한 마목장은 모두 7개다. 다음으로 성종 17년(1486) 이후에는 남양도호부의 덕적도·사야곶이도목장을 인천도호부로,[18] 소홀도목장을 안산군으로, 풍도목장을 수원도호부

17) 위의 책, 卷9, 京畿 仁川都護府 山川條.

로 옮겨 붙임으로써[19] 남양도호부 소속 마목장은 6개로 줄었다. 마목장의 소속관계 변동은 다음 장에서 살펴보려고 한다.

---

18) 위의 책, 卷9, 京畿 仁川都護府.
19) 위의 책, 卷9, 京畿 安山郡.

Ⅱ.
수군만호의 겸임감목관 임명

1. 수군만호의 겸임감목관 역할 수행

조선시대 마목장 운영은 실무행정을 담당하는 감목관과 생산에 종사하는 목자로 구분한다. 세종대 이후 마목장의 설치와 운영에서 가장 두드러진 변화는 섬에 설치한 마목장의 증가와 그에 따른 감목관 배치였다. 감목관은 각 도의 부·목·군·현에 소재하는 마목장을 감독했는데, 감목관 배치에 따른 부대비용이 늘자, 세종은 동왕 8년 (1426) 겸임감목관 제도를 시행하였다. 즉, 말에 익숙한 목장 부근의 역승과 염장관으로 감목관을 겸임시켰다. 따라서 여기서는 남양도 호부 마목장에 배치한 수군만호의 겸임감목관 역할에 대해 살펴보고자 한다.

남양도호부의 마목장 대부분은 바다에서 1백리, 또는 50·60리 밖에 있어서 전임감목관이 상시로 왕래하며 살필 수가 없고, 순찰에 따른 경비부담이 컸다. 이에 국가는 세종 17년(1435)부터 무관으로 배타기를 잘하고 마정에 밝은 천호와 만호에게 감목관을 겸임시켰다.[20]

남양도호부 화지량의 좌도 수군첨절제사 휘하에는 영종포와 초
지량 만호가 배속되었는데, 당시 영종포에는 6개 마목장이 소속된
반면, 초지량에는 한 곳의 마목장도 소속되지 않는 이른바 겸임감목
관의 양극화 현상이 초래되었다. 이 같은 업무의 불균형은 성종이
소홀도목장과 이작도목장을 초지량에 소속시킴으로써 해소되었다.
그러나 수원도호부·남양도호부·안산군 등 각 고을은 마목장을 관
장하는 주체 문제를 두고 첨예하게 대립하였다.[21]

이와 같이 마목장의 소속 관계가 변동하는 것은 성종 17년(1486)
을 기점으로 심화되었다. 그것은 다음 두 가지 문제와 관련이 있다.
먼저 마필 사육과 목장 관리의 어려움이고, 다음으로 해마다 병조에
서 마적을 점고하여 감목관(수령·만호 등이 겸임함)을 파면하는 규
정[22] 때문에 겸임감목관을 기피한 것으로 보인다. 이 같은 점은 다

---

20) 南都泳, 1996, 앞의 책, 220~223쪽.

21) 수원도호부는 태조 2년(1393) 11월 계수관에 선정되었다. 당시 계수관은 주요 거점
지역을 매개로 일정한 권역을 운영단위로 설정한 고려의 지방제도를 계승했는데,
이들 거점은 京·牧·都護府로 구성되었다. 이 가운데 도호부는 본래 변경지역에 설
치된 군사 거점이었다. 따라서 조선 초기 수원도호부는 계수관으로서 남양도호부를
관할한 바, 두 고을의 군사적 상하관계는 세종 때 익군제, 세조 때 진관제를 거치면서
巨鎭과 諸鎭의 관계로 발전하였다. 남양도호부 花之梁의 좌도 첨사는 수원도호부
경기 수사의 지휘를 받았는데, 이러한 관계는 영종포·초지량 만호가 수사의 지휘를
받으면서 섬 목장의 감목관을 겸임하는 것에서 확인할 수 있다(尹京鎭, 2007,「고려
태조대 都護府 설치의 추이와 운영-북방 개척과 통일전쟁-」,『軍史』64, 161~164
쪽; 尹武炳, 1962,「高麗時代 州府郡縣의 領屬關係와 界首官」,『동빈김상기교수화갑
기념사학논총』, 325쪽).

22)『經國大典』兵典 4, 廐牧조에는 "목장 안에 호랑이나 표범이 들어왔는데도 즉시
포획하지 않아서 말이나 소 다섯 필 이상을 죽게 한 경우는 감목관은 杖 1백, 병마절
도사는 杖 90에 처한다. 그리고 매년 6월과 12월 병조에서 마적을 점고하여 그 잃은
것, 죽은 것, 살해된 것이 가장 많은 경우와 번식시킨 숫자가 3년을 통산하여 연평균

음의 사료를 통하여 어느 정도 감지할 수 있다.

　가) 병조에서 아뢰기를, "대부도·영흥도목장은 남양도호부사로, 덕적도·사야곶이도·이작도·소홀도목장은 좌도 첨절제사로 임명하고, 감목관은 모두 혁파하는 것이 어떻겠습니까." 하니 그대로 따랐다.[23]

　나) 좌도 수군첨절제사영은 남양도호부 서쪽 화지량에 있고, 강화도를 지키는데, 장번 수군이 69명이요, 각관의 좌우령(左右領) 수군이 총 1천 5백 97명이다. 영종포 만호는 남양도호부의 서쪽에 있고, 각관의 좌우령 수군이 총 5백 10명이다. 초지량 만호는 안산 서남쪽 모래곶이[沙串]에 있고, 장번 수군이 8명이며, 각관의 좌우령 수군이 총 6백 15명이다.[24]

　다) 병조에서 경기 관찰사의 계본에 의거해 아뢰기를, "소홀도·이작도·독갑도·사야곶이도·풍도·승황도의 6개 목장은 모두 영종포에 소속되었는데, 초지량만은 한 곳도 관장하지 않습니다. 이 6개 목장은 모두 목자가 없는데, 영종포만이 홀로 폐해를 당합니다. 이제부터는 소홀도와 이작도를 초지량에 소속시키고, 풍도·승황도·사야곶이도·독갑도의 4개 섬을 영종포에 소속시켜서 업무를 고르게 하소서."[25] 하니, 그대로 따랐다.

　위 사료 가)는 세종 18년(1436) 전임감목관을 혁파하면서, 남양도호부사를 영흥도목장의 겸임감목관으로, 경기 좌도 첨절제사를 덕적도·사야곶이도·이작도·소홀도목장의 겸임감목관으로 임명했음을

─────────────

　30필 미만인 경우는 감목관을 파면한다."고 하였다.
23) 『世宗實錄』卷74, 世宗 18年 7月 戊午.
24) 『世宗實錄』卷148, 地理志 京畿.
25) 『成宗實錄』卷81, 成宗 8年 6月 丁未.

말하고 있다. 나)는 세종대 후반 남양도호부의 화지량에 설치한 경기 좌도 수군첨절제사영의 수군이 1천 5백 97명이고, 영종포 만호영의 수군은 5백 10명이며, 초지량 만호영의 수군이 6백 15명이었음을 설명하고 있다. 다)는 성종 때 같은 만호영이면서 영종포영은 6개 마목장을 관장한 반면, 초지량 만호영에서는 마목장을 한 곳도 관장 하지 않는 부당함을 병조가 상소하자, 성종의 지시로 소홀도와 이작 도를 초지량에 소속시켜 업무를 균등하게 분배했다는 내용이다.

가, 나), 다)를 종합해 볼 때 육지의 겸임감목관은 본래의 업무로 마목장 관리에 전념하지 못하는 경우가 있지만, 수군의 겸임감목관 은 수군이 목자의 역할을 대행했기 때문에 수군 무장의 겸임감목관 제도가 정착되었다고 할 수 있다.

조선시대 성종시기의 경기도 수군체계는 경기 수군절도사 휘하 에 강화도 수비를 담당하는 좌도 수군첨절제사와 교동을 수비하는 우도 수군첨절제사가 있었다. 특히 남양도호부 화지량에 주둔한 좌 도 수군첨절제사 밑에는 영종포·초지량·제물량 만호가 배속되었 다. 당시 감목관을 겸임한 영종포 만호의 수군은 5백 10명이고, 안 산군 초지량 만호의 수군은 6백 15명으로,[26] 수군의 숫자가 비슷하 였다.

그런데 동급의 만호영이고 수군의 숫자도 비슷하면서, 영종포 만 호영은 6곳의 마목장을 관장한 반면에, 안산군 초지량 만호영이 관 장하는 마목장은 한 곳도 없었다. 따라서 성종 8년(1477) 11월 병조 에서 경기 관찰사의 계본에 의거해 소홀도목장과 이작도목장을 초

---

26) 『世宗實錄』卷148, 地理志, 京畿.

지량 만호영에 소속시킬 것을 요청하였고, 성종이 이를 승낙함으로써 40여 년간 균등하지 못했던 섬목장의 업무가 정상화 되었다.

또한 남양도호부 소속의 마목장은 아래의 표와 같이 모두 10개였다. 그런데 성종대에 이르러 수원부의 계수관 지휘권이 크게 약화되었다. 결국 이 같은 상황이 마목장을 계제로 생겨난 두 고을의 갈등은 성종 17년(1486)에 와서 덕적도·사야곶이도목장을 인천부로, 소흘도목장을 안산군으로, 풍도목장을 수원부로 옮겨 붙였다. 그리고 거진의 진장인 남양부 좌도 수군첨절제사 휘하의 영종포 만호가 6개 마목장의 감목관을 겸임했는데, 성종의 지시로 초지량 만호가 소흘도·이작도목장의 감목관을 겸임하게 되었다.

『**신증동국여지승람**』 **남양도호부 마목장**

소관읍명	관할읍명	목장명	둘레	마필 수	비고
수원 도호부	남양 도호부	대부도(大部島)	30리	418	
		덕적도(德積島)	30리	257	성종 17년 인천도호부에 소속
		영흥도(靈興島)			
		독갑도(禿甲島)	25리		
		승황도(昇黃島)	45리	86	
		이작도(伊作島)	35리		
		어질도(於叱島)			
		풍도(楓島)	20리		성종 17년 수원도호부에 소속
		사야곶이도(士也串島)	10리		성종 17년 인천도호부에 소속
	안산군	소흘도(召忽島)	32리		성종 17년 안산군에 소속

그런데 성종 18년 1월, 경기 관찰사 성건이 "남양의 대부도와 강화도 보음도에 둔전을 설치할 것"[27]을 주장하면서 마목장의 축소와

폐지가 시작되었다. 당시 사복시는 마목장의 폐지를 반대하였지만, 보음도 마목장은 폐지되고, 대부도 마목장은 화지량의 수군을 동원하여 토장을 쌓거나 목책을 설치하는 것으로 결정되었다.[28] 따라서 대부도 마목장의 규모는 크게 축소될 수밖에 없었다.

2. 마목장의 소속 변동과 계수관

한편 국마목장이었던 수원도호부 양야곶목장은 단종 때 남양도호부로 이관되었다. 그러나 남양도호부에서 그 부당함을 상소하여 세조 때 다시 수원도호부에 환원시켰다. 그런데 수원도호부가 양야곶목장을 남양도호부로 이관시킨 것은 계수관에 해당하는 수원도호부가 관내 백성들이 사복시에 바치는 말의 사료 부담을 줄여주기 위한 조치였다.

즉, 군사부문에서 광역의 운영체계 권한을 가진 수원도호부가 계수관(界首官)의 지휘권을 적용하였다. 따라서 계수관의 지휘권이 축소되는 성종대 이후 남양도호부에 이관되었던 마목장은 모두 수원도호부로 이관되었다. 그러면 원래 두 고을에서 처음 설치한 마목장에 대해 살펴보자.

수원도호부의 마목장 설치는 두 시기로 구분한다. 하나는『세종실록』지리지에 전하는 마목장이고, 다른 하나는『신증동국여지승

---

27) 『成宗實錄』卷199, 成宗 18年 1月 丁卯.
28) 『成宗實錄』卷201, 成宗 18年 3月 甲辰.

람』에 전하는 마목장이다. 즉, 두 사서가 편찬된 시기는 전자가 세종대 후반이고, 후자는 중종대 후반이기 때문에 거의 1백여 년의 시차가 있다. 다시 말해서 수원도호부가 국마목장의 운영을 강제로 남양도호부에 이관시킨 것은 『세종실록』을 편찬한 시기이고, 남양도호부가 그 부당함을 상소하여 반환시킨 것은 『신증동국여지승람』을 편찬한 시기에 해당한다.

세종 때 설치한 수원도호부의 마목장은 홍원곶목장과 양야곶목장이 있다. 그런데 홍원곶목장은 왕실목장으로 전환되면서 계수관 통제와는 무관하기 때문에 여기서는 논의를 진행하지 않고, 양야곶목장에 대해서만 살펴보자.

양야곶목장은 수원도호부 서쪽 30리에 있다. 토장(土場)의 둘레가 15리인데, 나라말 75필을 방목하였다.[29] 그리고 양야곶목장은 육지가 돌출한 홍원반도의 해안지역에 마목장을 설치하였다. 이 지역은 세 방향이 바다로 가로 막혀 있고, 한 면이 육지와 연결되었기 때문에 목장을 설치할 수 있는 최적의 지형이었다. 홍원곶목장은 현재 서평택의 청북과 여연 및 고덕 일대를 포함한 지역인데, 홍원반도의 길쭉한 지형을 이용해 설치하였다.

그런데 수원도호부의 양야곶목장은 단종 3년(1455) 5월에 남양도호부로 이관되었다. 그러나 남양도호부에서 그 부당함을 상소하여 세조 6년(1460) 12월에 다시 수원도호부에 소속되었다. 수원도호부가 양야곶목장을 남양도호부에 소속시킨 것은 계수관의 지휘권을 갖는 수원도호부가 관내 백성들이 사복시에 바치는 국마의 사료 부

---

29) 앞의 주와 같음.

담을 줄여주기 위한 조치였다. 이 문제는 다음의 사료를 통해 그 전말을 알 수가 있다.

　　가) 의정부에서 병조가 올린 공문서에 의거해 아뢰기를, "경기도 수원의 양야곶목장은 남양에 가깝습니다. 청컨대 이제부터는 남양 부사가 감목관을 겸임토록 하소서." 하니, 그대로 따랐다.[30]

　　나) 병조에서 사복시 제조가 올린 공문서에 의거해 아뢰기를, "남양 부사는 이미 경내의 여섯 개 목장을 관할하는데, 지금 또 수원 양야곶목장을 겸하니, 수원부에서 양야곶목장은 다른 고을의 소관이라 하여 건초를 베는 등의 일을 반드시 소홀히 할 것입니다. 청컨대 수원 부사가 감목관을 겸임토록 하소서." 하니, 그대로 따랐다.[31]

위 사료 가)는 수원도호부 양야곶목장을 거리가 가까운 남양 부사가 감목관을 겸임토록 했다는 내용이고, 나)는 남양 부사가 여섯 개 마목장을 관할하는 상황에서, 수원도호부가 양야곶목장을 떼어 붙이자, 세조가 그 부당함을 듣고 수원 부사에게 감목관을 겸임시켰음을 말하고 있다.

수원도호부에서 너무 멀리 있는 양야곶목장을 가까운 남양도호부에 예속시킨 결정은 단종이 의정부의 주청을 윤허하여 이루어졌다. 그런데 당시 수원도호부가 양야곶목장을 남양도호부에 붙였던 명분은 수원도호부에서 양야곶목장까지의 거리가 남양도호부보다 더 멀다는 것이었다. 그러나 이러한 결정의 이면에는 계수관의 지위

---

30)『端宗實錄』卷14, 端宗 3年 5月 丁卯.
31)『世祖實錄』卷22, 世祖 6年 12月 庚寅.

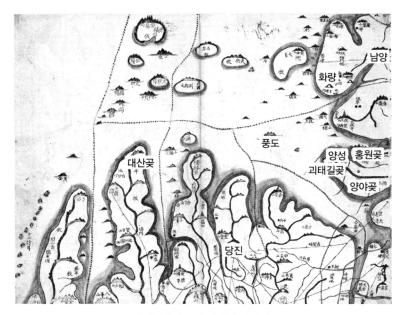

「대동여지도」의 수원부 마목장

를 이용해 내구마 사료를 사복시에 바치지 않겠다는 목적이 더 컸다.

위 사료 가)에서 단종이 수원부의 양야곶목장을 남양부에 이속시
켰다는 것은 당시 신권이 왕권보다 강했음을 시사한다.[32) 그러나
민생의 안정을 추구하는 세조는 수원부가 양야곶목장을 남양부에
붙인 것을 납초의 의무에서 벗어나려는 의도로 보고, 양야곶목장을

---

32) 의정부가 설치된 이후 병조는 의정부의 합의를 거쳐 국왕의 허락을 받아 마정을
집행하였다. 그러나 태종 5년 병조의 권한이 강화된 이후 의정부의 권한이 약화되면
서, 태종 14년 이후부터는 군국의 중대한 일을 병조가 직접 국왕에게 直啓하여 처리
하였다. 다시 말해서 重臣의 신권이 우세할 때(세종 18년 이후 문종·단종 시기)는
의정부를 거쳐 처리했지만, 문종 원년에 김종서가 영의정으로서 사복시 제조를 맡은
이후로는 그 소관이 제조를 통해 국왕에게 직결하여 처리하였다.

수원부에 다시 소속시켰다.[33]

『신증동국여지승람』의 수원도호부 마목장

소관읍명	관할읍명	목장명	둘레	마필 수	비고
수원 도호부	쌍부현	양야곶(陽也串)	68리	200	단종 3년 남양도호부 소속이었으나, 세조 6년 수원도호부로 소속 변경.
	용성현	홍원곶(洪原串)	75리	100	
		풍도(楓島)	20리		성종 17년 남양도호부에서 수원도호부로 소속 변경.

한편 세종대 후반기에 설치한 풍도목장은 둘레가 20리 정도였다. 그런데 성종 17년(1486) 남양부가 관할하던 풍도목장을 수원부로 이관시킨 사실이 주목된다. 즉, 풍도목장까지의 거리가 남양부보다 수원부가 더 먼데도 불구하고 수원부가 풍도목장을 관리할 수밖에 없었던 이유는 관내 주부군현을 관할하는 계수관의 지휘권이 조선 중기로 오면서 약화되었기 때문이다.

---

33) 말에게 주는 사료는 세종 11년에 큰 말은 하루에 콩 한 말, 작은 말은 다섯 되를 주었다(『世宗實錄』卷43, 世宗 11年 2月 甲午). 그리고 문종 원년 말 한 필에게 주는 芻는 하루에 10여 속을 먹였다(『文宗實錄』卷6, 文宗 1年 3月 丙辰).

Ⅲ.
대부도목장의 둔전 개간

조선 중기 직전제가 붕괴되면서 지배층은 병작반수제에 입각한 소작경영을 통해 경제적 기반을 확고히 하였다. 그런데 황무지를 개간한 국둔전도 병작을 실시하였지만 소출이 없어 권세가가 이를 겸병하였다.[34] 한편으로 직전제 폐지 후 왕실과 여러 통치기구는 그들의 지배적 우위를 관철시키는 제도를 마련하였다. 즉, 전결면세의 토지절수제(土地折受制)에 근거하여 궁둔(宮屯)과 영아문둔(營衙門屯)이 팽창하였다.[35]

따라서 여기서는 남양부 대부도목장[36]의 둔전 개간을 중심으로

---

34) 이재룡, 1965, 「朝鮮初期 屯田考」, 『역사학보』 29, 111~120쪽.

35) 이경식, 1987, 「17世紀 土地折受制와 職田復舊論」, 『동방학지』 54·55·56합집, 445~448쪽.

36) 남양도호부 목장을 수원도호부의 목장 범주로 다루는 것은 조선 초기 수원도호부가 계수관의 자격으로 남양도호부를 관할한 역사적 사실에 근거한다. 즉 두 고을의 군사적 상하관계는 세종 때 익군제, 세조 때 진관제를 거치면서 巨鎭과 諸鎭의 관계로 발전하였다. 또한 이와 같은 관계는 남양도호부 花之梁의 좌도 첨사와 영종포·초지량 만호가 경기 수사의 지휘를 받으면서 섬 목장의 감목관을 겸임한 것에서도 확인된다. 한편 조선 초기 수원도호부의 관할지역은 『세종실록』 지리지에서 "도호부가

고찰하려고 한다.

조선의 농업은 14~15세기 휴한법의 제약으로부터 벗어나 연작 상경법을 실현시키는 기술적 변화를 거쳤다. 그리고 15~16세기에 개간이 활발히 이루어졌는데, 서남 연안의 해택 개발과 해도에 설치한 목장의 경지화가 대표적이다. 특히 16세기에 이르러 15세기 해도에 설치한 목장의 경지화가 증가한 사실은 15세기 당시 평지를 농경지로 활용하는 추세를 반영한 결과였다. 따라서 국가는 15세기 초·중반, 목장을 해도에 집중하여 설치했으며, 세종 14년(1432)에 편찬된 『세종실록』 지리지에서 53개의 목장을 확인할 수가 있다.[37]

그런데 목장 내의 경작은 세종대 처음 허용되었다. 즉 세종 24년(1442) 제주 경차관의 제의에 따라 한라산 목장 내의 경종(耕種)을 허용하였고,[38] 세종 27년(1445)에는 전국의 여러 목장에서도 목장 안의 전지를 축장(築場)하여 경작하도록 하였다.[39]

그러나 해도목장의 개간에 대한 논의는 성종 18년(1487) 1월 26일, 경기 관찰사 성건이 남양부 대부도목장[40]에 둔전을 설치할 것을 주장하면서 본격적으로 이루어졌다. 당시 성건은 "대부도 중심은 토

하나이니 남양이고, 군이 둘이니, 안산과 안성이다"고 한 사료를 통해서도 두 고을의 상하 관계를 확인할 수 있다(이홍두, 2018, 「조선 초기 수원도호부의 마목장 설치 연구」, 『군사』 106, 346~347쪽).

37) 이태진, 1989, 「15, 6세기 저평·저습지 개간 동향」, 『국사관논총』 2.

38) 『世宗實錄』 卷97, 世宗 24年 8月 丁亥.

39) 『世宗實錄』 卷110, 世宗 27年 10月 庚戌.

40) 대부도는 길이가 30리고, 너비가 15리의 섬으로 나라의 말 4백 18필을 방목했는데, 염부 4호가 살면서 돌보게 하였다(『世宗實錄』 地理志, 卷148, 京畿 水原都護府 南陽 都護府).

지가 비옥하여 2백여 석을 추수할 수 있고, 또한 간석지도 2백여 석의 추수가 가능하니, 축장하여 목장마의 난입을 막고, 화량(花梁) 소속의 당령 수군 절반을 투입하여 경작할 것을" 주장하였다. 이에 성종이 "성건의 말을 사복시에 자세히 유시하여 의논해서 아뢰도록 하라"고 승정원에 지시하였다.[41]

그러나 같은 해 2월 19일 경연을 마치고, 특진관 김승경이 남양 대부도에 둔전을 설치하는 중대한 일에 사복시정 강귀손만을 보낼 수 없으니, 사복시 제조와 호조 당상 및 경기 감사를 함께 보낼 것을 제안하였다.[42]

3월 4일 호조판서 이덕량과 경기 관찰사 성건이 대부도의 둔전배치 형태를 그려 올리면서 "대부도는 겨우 2백여 석을 수확할 수 있으니, 목장을 옮기지 말고 화량의 수군을 동원하여 토장과 목책을 설치하여 경작하는 것이 옳다"[43]고 한 말을 듣고, 성종은 마침내 대부도 목장의 토장과 목책 설치 공사를 시작하였다.

그러나 대사헌 김자정 등은 성종 18년(1487) 3월 15일, 대부도의 둔전 설치 공사를 일시 정지할 것에 대해 차자를 올렸다. 다음의 사료에서 그것을 확인할 수 있다.

> 사헌부 대사헌 김자정 등이 차자를 올리기를, "지난번에 대부도의 목장 안에 있는 소전(召田) 등이 논을 만들기에 합당하다고 해서 개간

---

41) 『成宗實錄』 卷199, 成宗 18年 1月 丁卯.
42) 『成宗實錄』 卷200, 成宗 18年 2月 己丑.
43) 『成宗實錄』 卷201, 成宗 18年 3月 甲寅.

하여 둔전을 설치하고, 그 논갈이하는 소는 영흥도·선감미도·대부도
등 세 목장 목자의 사축(私畜)을 쓰고, 그 인부는 화지량과 영종포의
선군을 쓰라고 명하시고, 인하여 남양 부사·화지량 절제사에게 감농
(監農)의 책임을 맡겼습니다. 신 등이 온당치 못한 사유를 대강 들어
두세 번 계달하였는데, 이를 호조에 하문하시니 호조에서 아뢰기를,
"기계가 이미 완비되었으므로 중지할 수 없다."[44]고 하였습니다.

위 사료에서 대부도목장 안에 둔전을 설치하고, 논갈이하는 소는
영흥도와 선감미도 및 대부도 목자의 개인 소를, 그 인부는 화지량과
영종포의 수군을 쓰며, 남양 부사와 화지량 절제사에게 감농의 책임
을 맡겼다는 내용이다. 여기서 대부도 목장 안의 소전은 당시 대부도
에 좌도 선군영의 밭이 1백여 결이 있었던 것을 지칭한 것이다.[45]
그리고 대부도목장의 둔전은 국둔전을 뜻하는데, 그것은 호조가
관여한 것으로 알 수 있다. 당시 호조는 국둔전의 전국적인 경영을
도모하기 위하여 각도 관찰사로 하여금『경국대전』의 규정에 따라
황무지와 무주지에 둔전을 설치하고 그 면적을 보고하되, 이에 무관
심한 관찰사나 수령은 책임을 물어 처벌하도록 하였다.
대부도목장을 둔전으로 개간하려면 농우와 농기계 및 종자 등이
필요한바, 그에 소요되는 물자는 둔전을 설치하는 기관에서 준비하
였다.[46] 그러나 가장 우선적으로 요구되는 것은 개간에 필요한 노동
력의 확보였다.

---

44)『成宗實錄』卷201, 成宗 18年 3月 乙卯.
45)『世宗實錄』地理志, 卷148, 京畿 水原都護府 南陽都護府.
46) 이재룡, 1965, 앞의 논문.

즉, 정부가 법제의 허용 범위에서 무리 없이 노동력을 확보할 수 있는 길은 번상하는 농민의 부역, 다시 말해 군역을 활용하는 것이었다. 한편으로 요역을 이용할 수 있었으나, 이는 농민의 사적 경제를 침해하는 것이기 때문에 어려움이 있었다. 따라서 군역을 이용할 경우 형식상으로는 이런 문제가 해결될 뿐만 아니라 대량의 노동력 징발도 가능하였다.[47]

그러면 대사헌 김자정 등이 대부도목장의 둔전 설치를 반대한 이유는 무엇일까. 위의 인용 사료에는 포함되어 있지 않지만, 김자정이 계달한 내용은 세 가지였다. 첫째, 수군을 둔전 설치에 동원하는 것은 바다를 지키기 위해 수군을 설치한 본래 목적에 위배된다는 것이다. 즉, 수군은 주즙(舟楫)을 다스려 수전을 대비해야 하는데, 근래에 수군을 동원하여 둔전을 개간하기 때문에 화지량과 영종포 군사가 휴식을 얻지 못한다고 하였다. 사실 그동안 국둔전의 경작에는 군사를 동원하는 것이 원칙이었고, 군사들 가운데서도 국둔전 경작에 대대적으로 동원된 것은 선군이었다.[48] 그런데 선군은 자기가 소속하고 있는 포진둔전(浦鎭屯田)[49] 경작과 여러 잡역에 동원되고

---

47) 이경식, 1978, 「조선초기 둔전의 설치와 경영」, 『한국사연구』 21·22합집, 103쪽.
48) 선군은 조선의 건국 이후 양인층의 병종으로서는 그 수가 가장 많았고 온갖 잡무에 동원되었다. 『세종실록』 지리지에 의하면 당시 군정 총액은 96,259명이었는데, 이 중 선군은 49,337명으로서 나머지 전 병종의 수를 능가하고 있었다.
49) 행정기관의 둔전이 州縣의 관둔전이었다면, 浦·鎭 등 군사기관의 둔전은 州鎭의 관둔전이었다. 포진둔전은 각급 군영의 관할지역에 설치되는 둔전이었기 때문에 營田이라고도 불렸다. 포진둔전의 설정과 관리는 관둔전과 마찬가지였다. 처치사·만호·절제사·수령·판관 등 해당 군진의 책임관의 소관이었다. 경작은 소속 鎭守軍의 노동으로 하였고, 수입은 군영의 경비에 충당하였다.

있어서 그것만으로도 힘이 들었다.

둘째, 영흥도·선감미도·대부도목장 목자의 농우를 대가없이 징발한 것을 들 수 있다. 이 시기에 둔전 소재지 부근에 거주하는 정병·파적위·팽배·섭육십 등의 군인과 차정군 및 잡색군이 동원되고 있거니와, 이는 국둔전의 경작에는 모든 병종이 동원되었음을 반영한다. 그러나 음죽현 국둔전이 폐지되면서 칭간칭척자들은 둔전경작에서 일단 배제되었지만,[50] 실제적으로는 그렇지 못했다. 즉, 당시 목자의 신분은 양인이었지만 사실은 모두가 기피하는 천역에 종사하는 자들이었다. 따라서 그들을 둔전경작에 동원하는 것은 이중적 착취였던 셈이다. 특히 그들은 2년간의 참혹한 흉년을 겪은 뒤, 금년의 농사를 기대하면서 콩과 꼴을 사서 그 소를 사육하였다. 그런데 지금 만약 그것을 빼앗아서 둔전을 개간한다면, 결과적으로 목자들은 농사시기를 빼앗겨 실농하게 된다는 것이다.

셋째, 감농관(監農官)의 폐해를 들 수가 있다. 둔전을 설치할 경우, 감농관은 매년 봄 여름 가을 동안 군사를 영솔하면서 권농을 빙자하여 침범하고 소요를 일으키며 폐해를 일으키는 것이 적지 않음을 지적하였다. 대사헌 김자정은 옛사람이 군국의 부를 물으면 말을 세어서 대답하였으니, 지금 대부도목장은 선왕께서 설치하신 것인데, 어찌 개간할 수 있겠습니까. 하면서 둔전으로 개간하지 말고 차라리 백성들이 경작하도록 해서 조세를 거둘 것을 주장하였다.[51]

하지만 성종은 대사헌 김자정이 차자를 올린 다음 날인 3월 16일,

---

50) 유승원, 1973, 「조선전기의 신양역천 계층」, 『한국사론』 1.

51) 『成宗實錄』 卷201, 成宗 18年 3月 乙卯.

"대부도는 토지가 비습하여 목축에는 마땅치 않고 농사가 좋다고 하므로 내가 둔전을 두어 군자를 넉넉하게 하려고 하는데, 조정과 민간에서 분분하게 떠들며 불가하다고 하는 이유가 무엇인가?"[52] 라고 하면서 성종은 대부도목장의 둔전 설치를 계속 추진하였다.

성종 18년 10월 21일, 경연을 마치자 홍응이 "국가에서 선군을 설치한 것은 본래 방어를 위한 것입니다. 그런데 근래에는 영둔(營屯)의 경작과 둔전의 경작에 선군을 동원하여 폐단이 많기 때문에 둔전을 혁파하고 백성에게 목장을 개간토록 하여 세금을 징수하되, 응모하는 자가 없다면 예전처럼 목장을 두는 것이 좋겠다"고 하자, 성종이 다시 생각하여 조치하겠다고 하였다.[53] 결국 홍응은 백성들에게 대부도목장을 개간토록 한 다음, 그것을 사유지로 삼을 속셈이었다.

결국 대부도목장의 경지화는 앞에서 보듯이 둔전 개간을 명분으로 하고 있다. 목장은 본래 국가의 소유이기 때문에 사유지로 바로 삼을 수가 없었다. 한편으로 백성을 주체로 목장을 개간하려는 주장도 나타나고 있다. 아무튼 둔전 명목이든 사유지 명목의 개간이든 목장의 경지화는 마정의 쇠퇴를 가져오기 마련이었다.[54]

---

52) 『成宗實錄』 卷201, 成宗 18年 3月 丙辰.

53) 『成宗實錄』 卷208, 成宗 18年 10月 丁亥.

54) 이태진, 1989, 앞의 논문.

제5장

수원부 홍원곶목장의 설치와
운영실태

Ⅰ.
마목장의 설치 배경

　14세기 중반 원·명왕조가 교체될 때 제주도목장을 제외한 고려의 대부분 마목장은 황폐한 상태였다. 그런데 명나라가 탐라의 직할과 철령 이북의 요동 귀속을 요구하자, 고려는 탐라 영유권의 외교적 해결을 전제로 4만여 필의 군마를 명나라에 증여하였다.[1]

　명나라는 조선왕조가 건국된 직후 또다시 제주목장의 영유권을 주장하였다. 명나라의 방대한 군마 요구에 직면한 태종은 이를 군사적 위기로 간주하고, 제주목장의 종마를 강화도 본섬의 길상산과 경기 서해연안의 자연도와 삼목도로 옮긴 다음, 마목장을 설치하여 방목하였음은 앞 장에서 설명하였다.

　한편 세종은 강화도 부속섬에 호마목장을 설치하고, 수원도호부의 홍원곶에 사복시가 관장하는 외구(外廐)를 설치하였으며, 경기도와 하삼도 및 북방에 마목장을 설치함으로써 호마와 체형이 큰 군마의 공급체계를 안정적으로 확보하였다.

---

1) 南都泳, 1996, 『韓國馬政史』, 한국마사회 마사박물관, 149~160쪽.

따라서 여기서는 먼저 사복시가 직접 관장하는 홍원곶목장의 설치 배경을 음미해 보고, 다음으로 사복시 외구였던 홍원곶목장의 설치와 운영을 고찰하며, 마지막으로 홍원곶목장의 사료 지급 실태와 사료 징수가 당시의 사회 전반에 어떠한 영향을 끼쳤는가를 살펴볼 것이다.

그런데 수원을 경기 서해연안의 범주로 포함시켜도 되는가에 대한 의문을 제기할 수가 있다. 왜냐하면 현재 화성이 있는 수원시는 내륙에 속하기 때문이다. 과연 그러한가? 필자는 수원을 경기 서해연안의 범주에 포함하는 것이 타당하다고 생각하는바, 대한제국 선포 직전, 지방제도 개선에서 그 근거를 제시한다.

당시의 실정을 『조선왕조실록』의 찬자는 다음과 같이 요약하여 설명하고 있다.

> 가) 조령을 내리기를, "우리 왕조의 지방제도가 완전히 훌륭하지 않다 보니, 주(州)와 현(縣)이 일정하지 못하고, 필요 없는 관리가 많아서 가혹한 세금을 거두는 일이 많아 은혜가 백성들에게 미치지 못하고 백성들의 실정이 위로 전달되지 못하고 있다. 이제 감사, 유수 등 낡은 제도를 없애고 부(府)와 군(郡)의 새 규정을 정하여 폐단의 근원을 막아버림으로써 만백성과 함께 태평한 복을 함께 누리려고 하니, 그대들 모든 관리와 백성은 짐의 뜻을 체득하라." 하였다.[2]
> 나) 전국을 23부(府)의 행정구역으로 나누어 아래에 열거하는 각 부를 둔다. 한성부, 인천부, 충주부, 홍주부, 공주부, 전주부, 남원부, 나주부, 제주부, 진주부, 동래부, 대구부, 안동부, 강릉부, 춘천부, 개성

---

2) 『高宗實錄』 卷33, 高宗 32年 5月 丙申.

부, 해주부, 평양부, 의주부, 강계부, 함흥부, 갑산부, 경성부[3]

　다) 인천부의 관할 구역은 다음과 같다. 김포군, 부평군, 양천군, 시흥군, 안산군, 과천군, 수원군, 남양군, 강화군, 교동군, 통진군 등이다.[4]

　위 사료 가)는 감사와 유수 등을 폐지하고, 부(府)와 군(郡)으로 대체한다는 것을 말하고 있고, 나)는 전국을 23부의 행정구역으로 나누어 각 부를 둔다는 내용이며, 다)는 인천부가 수원군 등 11개의 군을 관할하고 있음을 설명하고 있다. 가), 나), 다)를 종합해 볼 때 고종이 1895년(고종 32) 을미사변 직후 일본과 친일 내각이 장악한 경복궁을 탈출하여 러시아공사관으로 망명하면서(아관파천), 친미반일 내각이 등장하자, 조선의 내정 개혁을 통한 지방제도 개혁이 이루어졌다고 할 수 있다.

　특히 위 사료 다)에서 우리는 당시 인천부가 수도 한성부 다음으로 큰 행정구역이었으며, 수원은 인천부가 관할하는 한 개의 군(郡)으로 존재했음을 알 수 있다. 그런데 일제는 1914년 4월 1일 인천부를 분할하여 항구 주변의 도심지만을 인천부로 남기고, 그 밖의 나머지 지역을 부평군으로 개편하였다.[5]

　그러나 해방 이후 인천의 행정구역은 직할시로 승격되는 과정에서 구한말 23부의 행정구역, 즉 인천부의 영역을 대부분 회복하였다. 다시 말해서 1949년 8월 15일 지방자치제 실시에 따라 인천부를 인천시로 개편하였고, 1981년 7월 1일 직할시 승격 당시의 면적은

---

3) 위의 주와 같음.

4) 위의 주와 같음.

5) 조선총독부령 제111호, 1913년 12월 29일 공포.

경기도 김포군 계양면과 옹진군 영종면·용유면의 편입으로 크게 확
장되었다. 한편 인천은 1995년 1월 1일 광역시로 승격하면서 시·
도간 경계가 조정되었다. 즉, 북구 서운동 일부를 경기도 부천시로
편입하고, 경기도 강화군·옹진군·김포군 검단면을 광역시에 편입시
켰다.

결국 수원은 해방 이후 인천부 관할에서 벗어났다. 그리고 내륙에
위치한 수원은 산업화 이후 도시 규모가 인천에 버금갈 정도로 커져
서 수원을 경기 서해연안에 포함시키는 것을 거부할 수도 있다. 그러
나 수원이 관할하는 홍원곶목장의 위치를 현재 서평택 서북쪽 지점
으로 본다면, 수원의 경기 서해연안 포함은 그 가능성이 훨씬 커진다.

조선왕조는 한양 천도 후 내사복가 내구(內廐)를 관장하여 내구
마 40~50필을 사육케 하였다. 그런데 태종대 중반부터 내사복시가
국왕의 숙위에 전념하면서 사복시가 내구마를 관장하게 되었다. 그
러나 사복시는 직접 사육하지 않고 내구마를 각 고을에 분양하였
다.[6] 그런데 세종은 사복시가 내구마를 직접 사육하는 제도를 정착
시켰다.[7]

세종 때 사복시가 직접 사육하는 내구마를 유양마(留養馬)라고 부
른다.[8] 여기서 유양마는 양주부 전곶목장에서 사육하는 어승마(내구

---

6) 이홍두, 2017, 「조선 초기 內廐의 운영과 留養馬 변동」, 『서울과 역사』 96.
7) 지금까지 사복시가 내구마를 직접 사육하는 것에 대한 고찰이 부족하다 보니, 사복
   시의 내구마 사육에 대한 실제 과정과 내구마의 숫자 파악이 어려웠다. 따라서 이러
   한 고찰이 바탕이 되어야 내구마의 용도와 군사에게 내구마를 어떻게 지급하는가에
   대한 이해가 깊어질 수가 있다.
8) 이홍두, 2017, 앞의 논문, 110~116쪽.

마), 태종이 각 고을에 분양한 분양마, 세종 때 사복시가 수원 홍원곶 목장에서 직접 사육한 유양마를 지칭한다.

그러면 유양마의 용도는 무엇일까. 사복시에서는 국왕이 궁궐 밖으로 행행할 때 국왕을 근접 시위하는 선전관과 내의원 및 대소인원 등 수십~수백 명에게 유양마를 제공하였다. 그리고 내사복시의 어승마가 병들면 사복시의 유양마로 대체하였고, 해마다 수천 필을 요구하는 중국 명나라의 징마 요구에 대처하였으며,[9] 군마가 없는 북방 군사에게도 지급하였다.

한편 홍원곶목장 설치는 야인정벌과 관계가 있다. 태종은 압록강 상류에 여연군을 설치하여 야인들의 침공에 대비하였지만, 동북지역은 경원부의 무역소를 폐지함으로써 국경선을 후퇴하였다. 그런데 세종은 경원부의 후진 배치론을 반대하고 4군 6진을 개척하는 북방정책을 감행하였다. 즉, 최윤덕 장군을 압록강 상류에 보내 4군을 설치하고, 김종서를 동북지역에 보내 6진을 개척함으로써 오늘날의 국경선을 갖추었다.[10] 따라서 태종의 4군 정벌과 세종의 6진 정벌을 위한 군마가 필요했는데, 제1차 야인정벌 직후였던 세종 16년(1434)에 '마정은 군국의 급무다'[11]라고 하면서 하삼도와 북방지역으로 마목장 설치를 확대하였다.[12]

9) 이홍두, 2017, 위의 논문, 111쪽.
10) 유재성, 1996, 『韓民族戰爭通史』 Ⅲ(朝鮮時代 前篇), 國防軍史研究所, 96~121쪽.
11) 『世宗實錄』 卷63, 世宗 16年 1月 甲午.
12) 이홍두, 2017, 「조선초기 마목장 설치연구」, 『동북아역사논총』 55, 238~254쪽.

Ⅱ.
사복시 외구 홍원곶목장의 설치와 운영

조선시대 마목장은 양주부 전곶의 왕실목장,[13] 경기 서해안목장,[14] 하삼도목장,[15] 북방의 목장[16] 제주도목장[17] 등 5개의 범주로 구분·설정하고 있는 것이 요즘 국사학계의 일반적 경향이다. 따라서 수원부 홍원곶(洪原串)목장을 경기 서해안목장에 포함시키는 것은 이제 대부분 연구자들이 인정하고 있는 실정이다.[18]

한편 홍원곶목장이 유양마(내구마)를 사육하는 사복시의 외구(外廐)였음이 알려지면서 왕실목장의 범주로 설정하자는 주장이 제기

---

13) 한양 천도를 단행한 태조 이성계는 도성 안에 내구를 설치하여 내승이 내구마를 사육케 하고, 양주도호부 箭串[뚝섬]에는 왕실목장을 설치하여 사복시가 직접 어승 마를 관장케 하였다(이홍두, 2016, 「조선전기 畿甸의 마목장 설치」, 『서울과 역사』 93).

14) 남도영, 1996, 「강화도 목장」, 『한국마정사』 한국마사회 마사박물관, 428~453쪽.
   이홍두, 2014, 「조선시대 강화도 마목장의 치폐와 전마의 생산」, 『군사』 93.
   이홍두, 2016, 「호마의 전래와 조선시대 호마목장의 설치」, 『군사』 99.

15) 이홍두, 2016, 「조선전기 하삼도 마목장의 설치와 통폐합」, 『전쟁과 유물』 8.

16) 이홍두, 2017, 「조선 초기 마목장 설치 연구」, 『동북아역사논총』 55.

17) 남도영, 2003, 『제주도 목장사』, 한국마사회 마사박물관.

18) 남도영, 1996, 『한국마정사』, 한국마사회 마사박물관, 232쪽.

되었다.[19] 즉, 지역적으로 보면 홍원곶목장은 남양만의 북서쪽에 위치하기 때문에 서해안목장의 권역으로 파악할 수가 있다. 한편으로 내구마를 사육한다는 기준을 적용하면, 왕실목장의 범주로 파악할 수도 있다. 그러나 홍원곶목장의 주변에 양야곶목장과 괴태길곶목장 등 국마목장을 함께 설치하였으므로 경기 서해안목장으로 분류하는 것이 타당하다는 생각이다.

홍원곶목장은 본래 소를 키우는 우목장이었다.[20] 그런데 당시 내구마를 각 고을에 분양하여 사육하는 문제가 농민들에게 큰 고통이 되자, 세종은 내구마의 분양에 따른 폐단을 해결하기 위해 폐목장으로 방치된 홍원곶목장을 동왕 30년(1448)에 마목장으로 복설하였다. 그리고 겸사복을 파견하여 유양마 목축을 관장토록 하였다.

유양마(留養馬)는 사복시가 직접 사육하는 내구마를 지칭한다. 그런데 유양마는 주로 부족한 궁중의 내승마로 보내거나, 국왕이 행행할 때 국왕을 근접 시위하는 선전관과 내의원 및 대소인원 등에게 제공하였다. 또한 국왕은 군사훈련을 직접 관람하는 대열, 무예연습을 거행하는 강무, 지방을 두루 살피는 순행, 친히 사냥하는 타위, 국가 제사를 직접 주관할 때 유양마를 사용하였다.[21] 따라서 사복시는 평시에 유양마를 사육하고 조련시켜 국왕이 즉시 이용할 수 있도록 준비하였다.

유양마를 사육하는 홍원곶목장은 둘레 75리,[22]의 현재 홍원반도

---

19) 이홍두, 2018, 「조선 초기 수원도호부의 마목장 설치 연구」, 『군사』 106.

20) 이홍두, 2018, 위의 논문, 337쪽.

21) 이홍두, 2017, 「조선 초기 內廐의 운영과 留養馬 변동」, 『서울과 역사』 96, 113쪽.

서평택의 청북과 어연 및 고덕 일대를 포함한다. 홍원곶목장은 고려 공민왕 16년(1367)에 혁파되었다. 그러나 세종 13년(1431)에 복설되어[23] 세종 21년(1439)까지는 소를 키우는 우목장이었다. 그런데 세종 30년(1448) 이전의 어느 시기에 내구마를 사육하는 사복시의 마목장으로 변경되었다.[24]

당시 홍원곶목장을 사복시의 외구로 설치한 데는 몇 가지 이유가 있다. 첫째, 홍원곶목장은 아산만 연안에 설치하였으므로 유사시에 신속히 군마로 동원할 수가 있었다. 둘째, 당시 조선은 여진을 상대로 영토를 개척 중에 있었기 때문에 소보다 군마가 더 유용하였다. 즉, 당시 조선은 4군 6진을 설치하면서 주력군이 기병인 여진을 정벌하기 위해서는 호마 계통의 군마를 생산할 필요가 있었다.

특히 경기도와 하삼도목장 및 제주목장에서 공마로 바친 준마 1백 필을 홍원곶목장에 배정한 다음, 그것을 전국의 목장에 종마로 보급한 사실이 주목된다. 따라서 당시 사복시에서는 홍원곶목장에 겸사복 2인을 배치하고, 사육과 조련을 감독케 했는데,[25] 이러한 사실은 당시 전국의 마목장에 현지 수령을 감목관으로 임명하여 마목장을 관장한 것과 큰 차이를 보인다.[26]

그러나 사복시 외구였던 홍원곶목장은 성종 5년(1474) 윤6월부터 하절기에만 내구마를 방목함으로써 그 역할이 축소되었다. 다음의

22) 『新增東國輿地勝覽』 卷9, 京畿 水原都護府 山川條.
23) 『世宗實錄』 卷51, 世宗 13年 3月 壬辰.
24) 『世宗實錄』 卷121, 世宗 30年 7月 辛亥.
25) 위의 주와 같음.
26) 이홍두, 2018, 앞의 논문, 『군사』 106, 341쪽.

사료에서 그것을 확인할 수 있다.

> 창녕부원군 조석문이 아뢰기를, "사복시의 내구마를 홍원곶목장에
> 분양하고 겸사복 일원으로 감독케 하니, 여러 고을에서 부담하는 폐단
> 이 많습니다. 경기도 여러 고을에 보관한 황두가 이 때문에 고갈되었
> 습니다. 세조 때 내구마를 호곶목장에 분양하는 제도를 혁파했습니다.
> 청컨대 호곶목장의 예에 따라 내구마의 분양을 혁파하십시오" 하였다.
> 영의정 신숙주가 아뢰기를, "내구마를 홍원곶목장에 분양한 것은 폐단
> 을 없애려고 한 것인데, 만약 경기도에서 사복시에 납부하는 마초를
> 경감한다면, 분양마를 기를 수가 없으니, 사복시가 직접 기르는 것이
> 옳다."고 하였다. 임금이 말하기를, "수원의 홍원곶목장에 분양한 내구
> 마는 여름에는 홍원곶목장에서 방목하고 겨울에는 사복시에 끌어다
> 가 기르라"고 하였다.[27]

위 사료에서 조석문이 경기도 여러 고을이 부담하는 폐단을 들어
홍원곶목장에 내구마를 분양하는 제도를 혁파할 것을 주장하였지
만, 영의정 신숙주가 사복시에 바치는 마초 문제와 관련하여 반대하
자, 성종이 하절기에는 내구마를 예전대로 홍원곶목장에서 방목하
고, 동절기에는 사복시가 직접 기르도록 지시했음을 알 수 있다.

그러면 내구마를 홍원곶목장에 분양한 제도는 왜 성종대에 와서
폐지되었을까. 그것은 다음 두 가지 사실과 관련이 있다. 먼저 마목
장을 경작지로 개간한 것이고, 다음으로 권세가가 마목장을 사유화
하는 현상이 일반화한 것이다. 여기서 전자의 경작지는 마목장을

---

27) 『成宗實錄』 卷44, 成宗 5年 潤6月 丙午.

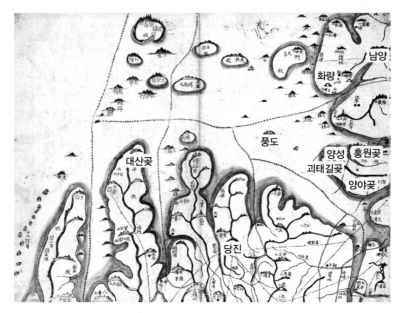

「대동여지도」의 수원부 마목장

둔전으로 개간한 것을 지칭한다.

당시 사복시 제조 윤호는 마목장의 둔전 개간을 적극 반대하였다.[28] 그러나 대사헌 성건이 둔전 개간을 적극 주장하자, 성종이 성건의 주장에 동의함으로써 마목장을 폐지하고 둔전 설치를 추진하였다. 후자의 경우는 이 시기 양반 지배층의 사적 토지소유에 기초한 농장의 확대와 맥락을 같이 한다.[29] 결과적으로 흥원곶목장에 내구마를 분양하는 제도의 축소는 곧 군마의 숫자를 감소시켜 전투력 약화를 초래한 것으로 보인다.

---

28)『成宗實錄』卷202, 成宗 18年 4月 甲午.

29) 李弘斗, 1999,『朝鮮時代 身分變動 研究』, 혜안, 56쪽.

일반적으로 조선 초기 분양마는 두 개의 통로를 이용하여 각 고을에 분양되었다. 하나는 내구마를 각 고을에 분양하는 것이고, 다른 하나는 전국의 목장마를 동절기에 한해 각 고을에 분양하는 것이다. 그런데 여기서 동시에 사복시 외구였던 호곶목장의 분양마 제도는 혁파에 성공한 반면, 홍원곶목장의 분양마 제도를 혁파하는 데는 실패한 셈이다.

그렇다면 당시 경기 백성들의 황두 부담이 줄고 있는 상황에서 조석문은 왜 홍원곶목장의 분양마제도를 폐지하려고 하였을까. 조석문은 분양마제도의 폐지 이유를 경기 고을의 황두가 고갈되었기 때문이라고 하였다. 그러나 조석문의 속내는 홍원곶목장에 상주하는 겸사복이 부담스럽기 때문이 아닌가 한다. 다시 말해서 마목장을 경작지로 개간하여 사유화하는데 겸사복의 존재가 껄끄러웠음을 시사한다. 이러한 사실은 당시 사복시 제조 윤호가 마목장의 둔전 개간을 적극 반대한 반면,[30] 대사헌 성건이 둔전 개간을 적극 지지한 사례를 통해서도 그 의도를 간파할 수 있다.

이 같은 양상은 중종 4년(1509) 5월, 대사간 최숙생이 기전의 백성들은 생초와 곡초의 납부를 고역으로 여기기 때문에 사복시의 내구마와 홍원곶의 유양마 숫자를 줄이는 방향으로 논의가 확대되었다. 또한 전국의 목장마도 군사들에게 주어 조련토록 하되, 조련이 잘된 것은 국가에서 쓰고, 나머지는 위급할 때 군사들의 군마로 사용하도록 건의했는데,[31] 이와 같은 일련의 사례는 마목장의 경지화를 더욱

---

30) 『成宗實錄』 卷202, 成宗 18年 4月 甲午.
31) 『中宗實錄』 卷8, 中宗 4年 5月 丙辰.

심화시켰다.

그러나 중종 5년 11월, 특진관 고형산이 온성의 사도(沙島)목장은 수초가 부족하기 때문에 이곳의 말을 홍원곶목장에 옮기도록 건의하자, 중종이 이를 승낙하였다.[32] 이 같은 사실은 중종 역시 마목장의 경지화가 군마의 숫자를 감소시키고, 그것 때문에 전투력이 약화된다는 것을 알았던 것으로 보인다.

그런데 중종 23년(1528) 2월, 국가는 서여진의 야인과 전투를 치른 후에 군마가 피폐하여 평안도에 군마를 급히 보내야 되는 상황에 처했다. 따라서 사복시와 병조에서는 사복시의 유양마와 분양마 가운데 체구가 작은 말을 먼저 보내고, 홍원곶목장의 유양마로 사복시에 충당하도록 건의하였고, 중종이 이를 승낙함으로써,[33] 홍원곶목장의 중요성을 알게 되었다.

그러나 홍원곶목장 유양마의 마초(馬草) 값은 경기 백성들에게 고역이 되었고, 백성들은 거기에서 벗어나려고 하였지만, 현실적으로 이것을 이룰 수 있는 방법은 스스로 유망하는 길밖에 없었다.[34]

---

32) 『中宗實錄』 卷12, 中宗 5年 11月 庚申.

33) 『中宗實錄』 卷60, 中宗 23年 2月 丁巳.

34) 『明宗實錄』 卷16, 明宗 9年 5月 癸卯.

Ⅲ.
홍원곶목장에 지급한 내구마 사료실태

홍원곶목장의 유양마 사료는 크게 황두와 생곡초로 구분한다. 황두는 군자감과 호조에 딸린 광흥창이 사복시에 지급하였고, 생·곡초는 사복시가 경기 백성들에게 직접 징수하였다. 그런데 이들 마료는 하절기와 동절기에 따라 지급하는 양이 다르고, 궁중의 내구마와 사복시가 사육하는 유양마 간에도 차이가 있다. 따라서 여기서는 사복시가 징수하는 생·곡초 사료를 중심으로 살피고자 한다.

사복시가 관장하는 외구(外廐)는 양주도호부 전곶의 왕실목장과 양주도호부 임진현의 호곶목장 및 수원도호부 홍원곶목장 3개가 있었다. 그러면 당시 홍원곶목장에서는 내구마[유양마] 사료를 어떻게 조달하였을까. 홍원곶목장의 유양마 사료는 하절기와 동절기에 황두를 지급하였다. 다만 하절기에는 유양마를 방목함에 따라 사복시에 납부하는 황두의 양이 크게 줄었다. 즉, 황두는 호조가 전국에서 납부한 것을 사복시에 분급했는데, 하절기에는 본래 양의 절반을 지급하였다. 특히 콩의 양은 궁중의 내구마, 왕실목장의 어승마, 홍원곶목장의 유양마 간에 차이가 있었다.

즉, 사복시가 관장하는 내구마는 세 가지로 구분하는데, 각 고을의 분양마,[35] 전곶목장의 어승마,[36] 사복시가 직접 사육하는 유양마[37]의 사료는 약간의 차이가 있다.

다시 말해서 호조가 전국에서 징수한 황두는 하절기의 경우, 궁중의 내구마는 7되, 홍원곶목장의 유양마는 5되를 지급하였다. 동절기의 경우 궁중 내구마는 1말, 홍원곶목장의 유양마는 7되를 지급하였다. 다만 가뭄이 들면 그 양을 절반으로 줄였다.

아무튼 각 고을의 분양마와 호곶목장 및 홍원곶목장의 유양마 총 8백~9백여 필에 지급하는 1년의 황두는 4천 1백 58석에 이르렀다.[38] 한편 내구마를 방목하는 목장의 마초장에서는 자골초·모애초·갈근·잔디(토끼풀)·서숙대·어욱 등의 교초(郊草)를 기본적으로 재배하였다. 그리고 부족한 꼴은 사복시가 경기 백성들로부터 징수했는데, 꼴은 여러 종류가 있다. 추초(蒭草)는 산이나 들에서 채취하는 것이고, 곡초(穀草)는 곡식의 이삭을 털어낸 뒤의 줄기이며, 황초(黃草)는 마른 풀을 지칭한다.[39]

---

35) 분양마의 유래는 이전부터 시행한 국가제도였다. 즉, 동절기가 되면 여러 목장의 여위고 병든 말을 골라서 주·군에 나누어 주어 기르게 하고, 매번 사복시 관원을 보내 고찰하였다(『太宗實錄』 卷17, 太宗 9年 3月 丁未).

36) 당시 전국의 목장에서는 체형이 큰 준마를 궁중에 진상했는데, 내구마로 간택되지 못한 마필을 지방의 관아에 보내 분양마로 삼았다. 그러나 분양마 제도가 폐단을 일으키자, 세종대 중반부터 분양마 숫자를 줄이고 사복시가 직접 내구마를 사육한 바, 이것을 유양마라고 한다. 한편으로 전곶의 내승목장에서 방목한 마필은 어승마라는 호칭을 많이 사용하였다.

37) 유양마에 대해서는 다음 논고를 참조할 것; 이홍두, 2017, 「조선초기 內廐의 운영과 留養馬 변동」, 『서울과 역사』 96, 110~116쪽.

38) 『成宗實錄』 卷6, 成宗 1年 6月 戊午.

그런데 추초는 경기 백성에게 부과하는 생초로서, 1451년(문종 1)
에는 하루에 10여 속(束)을 먹였는데,[40] 당시 추초 1속은 쌀 2되의
값으로 거래되었다.[41] 이에 성종은 동왕 24년(1493)부터 "전 1결(田
一結)"에 추초 1석을 징수하였다.

세종 30년에 설치한 홍원곶목장은 성종대 이후 성균관과 권력자
에 의한 경작화가 추진되면서 목장의 규모가 축소되었다. 따라서
과다한 마료 징수는 백성들에게 원성의 대상이 되었으며, 그것으로
인해 목장의 폐지를 요구한 것으로 보인다. 특히 내구마에 대한 백
성들의 부정적인 인식은 조선 건국 직후부터 있었고, 증가하는 내구
마를 지방으로 분산하려는 과정에서 사복시의 외구 설치가 논의되
었으며, 홍원곶목장은 그 결과의 산물이었다.

그러면 사복시 외구 설치에 대한 일련의 논의와 그것을 시행함에
따른 마료 징수는 어떤 관계가 있을까. 정종 때부터 내구마를 밤낮으
로 전야에 방목함으로써 백성의 전답을 침탈하는 폐해가 발생하였
다.[42] 따라서 태종은 농민들의 폐해를 근절할 목적으로 양주도호부
임진현 호곶에 사복시의 외구(外廐)를 설치 중에 있었다. 그러나 신
하들의 반대로 외구 설치가 무산되자, 태종은 경기 백성들의 불만을
완화시키기 위해 사복시에 바치는 납초의 경감에 착수한 것으로 보
인다. 이 같은 점은 다음의 사료를 통하여 어느 정도 감지할 수 있다.

---

39) 이홍두, 2018, 「조선중기 수원부의 마목장 변동 연구 -홍원곶목장과 대부도 목장을
　　중심으로-」, 『수원학연구』 13, 65~67쪽.
40) 『文宗實錄』 卷6, 文宗 元年 3月 丙辰.
41) 『經國大典』 卷2, 戶典 諸田.
42) 『定宗實錄』 卷2, 定宗 1年 8月 丙辰.

가) 경기도 관찰사 허지가 구황 사목을 올렸는데, 육조에 내리어 의논하였다. 계문은 아래와 같다. "사복시의 마초는 이미 교초를 아울러 바치게 하였으니, 모든 과전에서 바치는 풀도 또한 교초로 수납하는 것이 어떻겠습니까? 위의 조문의 곡초·교초는 경작자의 자원대로 수납하게 하소서"[43]라고 하였다.

나) 사복시의 마료를 경감하라고 명하였다. 동절기에는 대소의 말에게 모두 황두 1두(斗)씩을 주고, 하절기에는 큰 말에게는 5되를, 작은 말은 전량을 경감하게 하였다.[44]

위의 가)는 경기도 관찰사 허지가 올린 구황 사목에서 사복시에 바치는 마초(馬草)는 교초로 납부토록 하였으나, 흉년을 맞아 과전에 징수하는 마초는 곡초와 교초 중 선택해 납부토록 건의한 내용이고, 나)는 동절기 사복시의 대소 말에게 황두 1말을 지급하지만, 하절기의 경우는 큰 말에게만 5되를 지급하고, 작은 말은 전량을 삭감한다는 내용이다. 가), 나)를 종합해 볼 때 가뭄으로 인해 실농한 농민들이 곡초(수확한 후의 곡식줄기)를 부담할 수 없게 되자, 들에서 채취하는 말먹이 풀[교초]로 대체하되, 과전의 수조권자가 사복시에 바치는 말먹이 풀 역시 교초로 대체했다고 할 수 있다.

그러면 세종 때 사복시의 내구마와 홍원곶목장의 유양마에게 지급한 마료의 종류와 양은 어떠한가? 다음의 사료가 바로 그것을 설명하고 있다.

---

43) 『太宗實錄』 卷30, 太宗 15年 11月 戊申.
44) 『太宗實錄』 卷31, 太宗 16年 6月 庚辰.

가) 사복시에서 상신하기를, "옛적에 한재를 구제함에는 추마(趨馬)에게 곡식을 먹이지 않는다고 하였습니다. 지금 하절기의 경우 황두를 상고하면, 내구마는 콩 7되 그 나머지는 5되인데, 지금 내구마 40필에 10필을 줄이고, 사복시의 말 2백 70필 중 1백 40필의 콩을 각각 2되씩 감했다가 가을에 가서 복구하소서." 하니, 그대로 따랐다.[45]

나) 병조에서 아뢰기를, "사복시에서 말 먹이는 곡초를 경기의 각 고을로 하여금 말 한 필에 곡초 25근을 수납하게 하니, 백성에게 폐를 끼침이 실로 많습니다. 청컨대, 지금부터 5근을 감하고 20근으로 정하소서. 오랑캐의 호마는 말 한 필에 곡초 15근을 주게 되므로 10월부터 이듬해 3월까지 곡초를 상납하게 하고, 3월부터 4월까지 동서적전(東西籍田)의 곡초로써 이를 기르게 하되, 이것이 부족하면 당번된 여러 관원으로서 호곶·백안두곤·살곶이 및 광주·양근의 수변 근처의 야초를 베어 이를 보충하소서." 하니, 그대로 따랐다.[46]

위 사료 가)는 사복시가 가뭄을 극복하기 위해 궁중의 내구마 숫자를 줄이고, 사복시 유양마의 황두를 삭감하도록 건의하자 세종이 승낙했음을 말하고 있고, 사료 나)는 병조가 세종에게 사복시의 내구마 1필의 사료를 곡초 20근, 호마는 15근을 징수하고, 부족한 사료는 사복시 관원으로 하여금 전곶목장과 광주목 하천 근처의 생초로 보충할 것을 설명하고 있다. 가), 나)를 종합해 볼 때 병조와 사복시가 매년 경기 백성에게 거두는 황두와 생·곡초의 양이 과중했기 때문에 세종이 사료의 감축을 승낙했다고 할 수 있다.

---

45) 『世宗實錄』 卷124, 世宗 31年 6月 癸丑.
46) 『世宗實錄』 卷54, 世宗 13年 11月 癸酉.

특히 위 사료 가)에서 사복시 유양마 2백 70필 가운데 1백 40필의 황두를 각각 2되씩 삭감했다가 가을에 가서 복구한다고 했는데, 결과적으로 홍원곶목장의 유양마 사료도 감축되었다고 하겠다. 즉, 내구마는 하절기의 경우 콩 7되를 지급하고, 사복시 유양마는 콩 5되를 지급한 것과 동절기의 경우 내구마는 콩 한 말, 전곶목장의 내구마는 7되를 지급한 것은 변동이 없었다.[47] 그러나 1백 40필의 콩을 2되씩 삭감한 만큼 백성들의 부담은 경감되었다고 하겠다.

한편 사복시 내구마 1필에 대해 경기 백성들이 본래 부담하는 곡초의 양은 25근이었지만, 흉년으로 인해 5근을 감축한 셈이다. 그러면 호마에게 지급하는 곡초의 본래 양은 15근으로 변화가 없는데, 그 이유는 무엇일까. 그것은 호마가 처음부터 소식으로 단련되었기 때문이다.

그런데 세종 때부터 사복시의 유양마가 크게 증가함으로써 사복시 유양마에게 지급하는 생추(生芻)[48]의 양도 크게 증가하였다. 따라서 세조대에 와서 생추의 대납제가 실시되었다. 즉, 사복시는 경기 백성들에게 생추를 징수했는데, 수레가 없어 스스로 운반할 수 없는 백성들은 서울의 부자들에게 꼴을 사서 대신 바치고 두 배의 값을 지불하였다. 다시 말해서 당시 생추 50근은 쌀 2말 값[49]이었기 때문에 생추를 대납시킨 백성은 쌀 4말을 지불한 셈이다.

성종은 사복시가 사육하는 유양마 숫자를 줄여서 경기 백성들의

---

47) 『文宗實錄』 卷6, 文宗 1年 3月 丙辰.

48) 벤 지 얼마 안 되어 아직 마르지 아니한 풀.

49) 『世祖實錄』 卷25, 世祖 7年 7月 庚申.

생추 부담을 경감시키고자 했다. 특히 성종 3년(1472) 사복시가 사육하는 유양마 4백 필 가운데 체구가 큰 준마 67필과 작은 체구의 재래마 33필을 전곶목장에 방목함으로써,[50] 사복시 말 1백여 필을 감축하는 성과를 이루었다. 이와 함께 성종 때부터는 잦은 가뭄으로 논농사가 부실하자 사복시에 수납하는 곡초 대신에 피(稗)와 기장 및 서숙대 등의 교초로 대체시켰다.[51]

따라서 백성들은 교초를 마련하기 위해 전곶목장 마초장에서 교초를 훔치는 일이 발생하였고,[52] 연산군 때부터 사복시에 바치는 경기 백성들의 납초 의무가 충청도로 확대되었다. 즉, 성종 24년(1493)에 '전 일결(田一結)에 추초 한속(芻草一束)'의 사료 징수를 공세(貢稅) 가운데 포함시키는 등 경기 백성들의 사료 부담을 감소시킨 것으로 보인다. 이 같은 점은 다음의 사료를 통하여 어느 정도 감지할 수 있다.

> 가) 사복시 주부 신종연이 아뢰기를, "내사복시·사복시·전곶목장에서 사육하는 내구마의 사료를 군자감·분감·강감과 광흥창에서 가져다가 쓰는데, 혹시 사고로 인하여 때에 맞추어 받아 낼 수가 없고 또 운반하는데 폐단이 있으니, 전례에 따라 가까운 경기·충청도의 공세 가운데 포함시켜 1년 동안 소용되는 분량을 마련하여 본시에 바쳐서 매일 지급해서 말을 먹이게 하소서." 하였다.[53]

---

50) 『成宗實錄』 卷17, 成宗 3年 4月 辛卯.
51) 『成宗實錄』 卷6, 成宗 1年 7月 辛丑.
52) 『成宗實錄』 卷293, 成宗 25年 8月 庚申.
53) 『燕山君日記』 卷47, 燕山 8年 12月 庚戌.

　나) 호조에 전교하기를, "근래 나라의 저축이 넉넉하지 못하니, 사복
시의 마료 및 사축서, 전생서의 축료를 마련하여 감량하고, 사복시의
말은 제원(諸員)이 전곶의 풀을 베어 먹이게 하며, 각관의 생초를 적절
히 감하게 하라."고 하였다.[54]

　위의 가)는 내사복시와 사복시 및 전곶목장에서 사육하는 내구마
사료는 군자감·군자분감·군자강감과 광흥창에서 가져다 쓰는데,
수납과 운송의 착오에 대비하여 경기도와 충청도의 공세(貢稅)에 사
료를 징수할 것을 말하고 있고, 나)는 국가의 세입이 부족함에 따라
마료를 감축하되, 부족한 사료는 사복시의 하례(下隸)를 시켜 전곶목
장 수초를 베어 보충할 것을 지시한 내용이다. 가), 나)를 종합해
볼 때 군자감과 호조에 딸린 광흥창에서 내구마 사료인 황두를 지급
했는데, 내구마가 급격히 증가하자 공세에 황두를 부과하고, 전곶목
장의 생추를 베어 사료로 이용토록 지시했다고 하겠다.

　연산군은 동왕 10년(1504) 10월, 내구마를 1천 필로 증액하도록
지시했다. 그런데[55] 이는 백성들에게 과중한 내구마 사료 징수로
이어졌고, 이것이 중종반정을 촉발시키는 한 원인으로 작용했다. 한
편 중종은 사복시가 사육하는 유양마 숫자를 연산군 이전의 하절기
3백 필, 동절기 4백 필의 상태로 환원하였다. 그리고 내구마 사료를
공세에 부과했던 제도 역시 폐지하였다.

　그러나 중종대 후반부터 명종대에 이르러 권력자와 결탁한 감목

---

54) 『中宗實錄』 卷8, 中宗 4年 5月 己未.
55) 『燕山君日記』 卷56, 燕山 10年 10月 庚辰.

자가 마료를 착취함으로써 홍원곶목장은 점차 황폐되어 갔다. 다음의 사료가 그와 같은 것을 설명하고 있다.

> 사헌부가 아뢰기를, "말을 사육하기 위해 수원에 홍원곶목장을 설치했습니다. 말에게 먹이는 콩은 본 고을에서 회계를 줄여 지급케 하고, 말을 사육하는 꼴은 민간에게 할당하여 사복시가 직접 징수한 것은 상납의 폐단을 없애고, 말 사육을 편하게 하려는 것입니다. 그런데 근래 무지한 사복시의 무리들이 많은 이익을 탐해서 차견되기를 도모하는데, 권문의 자제가 아니면 참여 할 수 없습니다. 권문의 자제들은 부모의 세력을 믿고 마음대로 행동하며 거칠 것이 없습니다. 말의 사료인 콩을 사적으로 도용하고, 황초를 거두는 대신에 그 값을 내게하니 사육하는 말이 30~40필에 불과 한 데도 모두 뼈만 앙상하여 병들어 죽는 말이 많습니다. 해마다 줄어드는 말이 10여 필이 넘고 그중에 다행히 살아남는 말도 차마 볼 수 없는 몰골입니다.
>
> 따라서 고을의 백성들은 마초 값에 시달리고 축장하는 일에 지쳐 가족이 파산하여 모두 유망하니 그 폐단은 말로 할 수가 없습니다. 지금 사육하는 말을 편의에 따라 분양하여 말을 죽이지 않도록 하는 것이 좋겠습니다." 하니, 답하기를, "홍원곶목장은 조종조에서 마정을 매우 중하게 여겨 설치하였다. 일시적 폐단으로 목장을 폐지한다면, 조종조에서 마정을 중히 여긴 뜻에 어긋나지 않는가? 사복시 제조와 대신에게 의논케 하라."고 하였다.[56]

위 사료에서 홍원곶목장의 감목자가 말의 사료인 콩과 마초를 사적으로 도용하여 1년에 10여 필의 말이 죽어가며, 심지어 고을 백성

---

56) 『明宗實錄』 卷16, 明宗 9年 5月 癸卯.

들은 마초 값과 목장의 담장을 쌓는 일로 파산한 자가 수없이 많았음을 말하고 있다. 여기서 당시 홍원곶목장에 지급하는 마료는 황두와 황초가 있었는데, 콩은 권문세가 출신의 감목관들이 사적으로 도용하고, 황초를 거두는 대신에 그 값을 현물로 징수한다는 것이다. 이 과정에서 목장의 마필 전체가 뼈만 앙상하고, 나아가 해마다 10여 필의 말이 죽는 경우가 많았다.

특히 권문세족과 중앙의 고위관료들은 피폐한 말들은 각 고을에 분양마로 보내고 마목장의 폐지를 획책하였지만, 명종의 반대로 홍원곶목장의 폐지를 겨우 막을 수 있었다. 그런데 이것은 마목장의 폐지가 전시기(前時期)에 비하여 크게 완화된 것을 입증하는 것이 아닌가 한다. 이는 건국초기 엄격하였던 국방의식이 이때에 와서 크게 붕괴됨에 따라 나타난 결과로 보인다.

감목관이 마료를 착복함으로써 1년에 10여 필의 유양마가 굶어서 죽었다면, 3백여 필의 유양마가 30~40필로 감소한 기간은 아마 20여 년에 불과할 것이다. 결국 이 같은 상황이 임진왜란에서 군마 부족 현상을 초래하였고, 또한 기마전에서 참패할 수밖에 없었다.

아무튼 홍원곶목장에 황초를 수납하는 일은 고역이었고, 백성들은 거기서 벗어나려고 하였지만, 현실적으로 이것을 이룰 수 있는 방법은 유망하는 길밖에 없었다. 따라서 사헌부에서는 마료 징수에 따른 백성들의 폐해를 구제한다는 명목으로 홍원곶목장의 폐지를 주장하게 되었다.

그러나 영의정 심연원이 일찍이 홍원곶목장을 설치하여 특별히 말을 기른 데는 반드시 의도한 것이 있을 것이기 때문에 병조와 사복시가 심사숙고한 다음에 결정하도록 건의하였다. 그런데 좌의정

상진(尙震)과 우의정 윤개의 의논도 비슷하여 명종이 영의정의 의논
에 따랐다.[57] 따라서 홍원곶목장은 폐지를 면하고 그 역할을 이어가
게 되었다.

---

57)『明宗實錄』卷16, 明宗 9年 5月 癸卯.

참고문헌

1. 사료

『朝鮮王朝實錄』, 『高麗史』, 『高麗史節要』, 『三國史記』, 『備邊司謄錄』, 『經國大典』, 『續大典』, 『典錄通考』, 『龍飛御天歌』, 『後漢書』, 『三國志』, 『唐書』, 『明史』, 『江都誌』, 『牧場地圖』, 『濟州邑誌』, 『大典續錄』, 『大典通編』, 『增補文獻備考』, 『新增東國輿地勝覽』, 『東國輿地備考』, 『春官通考』, 『武藝圖譜通志』, 『國朝五禮儀』

2. 단행본

강건작, 2005, 『무기와 전술』, 율커뮤니케이션.

김기웅, 1982, 『한국의 벽화고분』, 동화출판사.

金渭顯, 1985, 『遼金史 硏究』, 유풍출판사.

김재홍, 1988, 『조선인민의 침략투쟁사(고려편)』, 백산자료원.

金泰植·宋桂鉉, 2003, 『韓國의 騎馬民族論』, 한국마사회 마사박물관.

김철준, 1975, 『한국고대국가발달사』, 한국일보사.

南都泳, 2003, 『제주도 목장사』, 한국마사회 마사박물관.

南都泳, 1996, 『한국마정사』, 한국마사회 마사박물관.

문화공보부 문화재관리국, 1974, 『天馬塚』.

閔賢九, 1983, 『朝鮮初期의 軍事制度와 政治』, 한국연구원.

서인한, 2000, 『대한제국의 군사제도』, 혜안.

柳在城, 1999, 『國土開拓史』, 國防軍史硏究所.

柳在城, 1996, 『한민족전쟁통사』 Ⅲ, 국방군사연구소.

柳在城, 1996, 『韓民族戰爭通史』 Ⅲ(朝鮮時代 前篇), 國防軍史硏究所.

李基萬, 1984, 『馬와 乘馬』, 향문사.

이기백, 1990, 『한국사신론』, 일조각.

李丙燾, 1987, 『韓國儒學史略』, 아세아문화사.

李始榮, 1991, 『韓國馬文化發達史』, 한국마사회 마사박물관.

이홍두, 2020, 『한국 기마전 연구』, 혜안.

이홍두, 1999, 『朝鮮時代 身分變動 硏究』, 혜안.

이종욱, 1999, 『한국 초기국가 발전론』, 새문사

조병로, 2002, 『한국역제사』, 한국마사회 마사박물관.

에가미 나미오(江上波夫), 1967, 『騎馬民族國家』, 中央公論社.

加茂儀一, 1973, 『家畜文化史』, 日本法政大學出版局.

小倉進平, 1923, 『南部朝鮮の方言研究』.

Stegmann. F, P.. 1924, 『Die Rassengeschichte der Wirtschaftstiere und ihre Bedeutungfur die Geschichte der Menschheit』

3. 논문

姜冕熙, 1965, 「韓國在來馬의 系統에 關한 硏究」, 『한국축산학회지』 7-1.

김정기 외, 1974, 「경주황남동 98호고분 발굴약보고」, 문화재관리국.

南都泳, 1993, 「朝鮮時代 말 需給問題」, 『향토서울』 53.

南都泳, 1979, 「朝鮮時代의 牧畜業」, 『東洋學』 9.

南都泳, 1969, 「韓國牧場制度考」, 『東國史學』 11.

南都泳, 1969, 「朝鮮時代 濟州島牧場」, 『韓國史硏究』 4.

南都泳, 1965, 「朝鮮牧子考」, 『東國史學』 8.

南都泳, 1963, 「朝鮮時代 지방 馬政組織에 대한 小考」, 『史學硏究』 18.

南都泳, 1960, 「麗末鮮初 馬政上으로 본 對明關係」, 『東國史學』 6.

閔賢九, 1968, 「鎭管體制의 確立과 地方軍制의 成立」, 『韓國軍制史』, 近世朝鮮前期篇, 국방군사연구소.

이경식, 1987, 「17세기 土地折受制와 職田復舊論」, 『東方學志』 54·55·56 합집.

이재룡, 1965, 「朝鮮初期 屯田考」, 『歷史學報』 29.

이종선, 1996, 「황남대총: 적석목곽분연구의 새 지표」, 『한국고고학전국대회 발표문』.

이태진, 1989, 「15, 6세기 저평·저습지 개간 동향」, 『國史館論叢』 2.

이홍두, 2022, 「병자호란시기 남한산성과 광교산의 기마전」, 『수원학연구』 19.

이홍두, 2018, 「조선 초기 수원도호부의 마목장 설치 연구」, 『軍史』 106.

이홍두, 2018, 「조선중기 수원부의 마목장 변동 연구」, 『수원학연구』 13.

이홍두, 2018, 「조선전기 호마의 조련과 기마전」, 『歷史와 實學』 67.

이홍두, 2017, 「조선 초기 마목장 설치 연구」, 『東北亞歷史論叢』 55.

이홍두, 2017, 「조선초기 內廐의 운영과 留養馬 변동」, 『서울과 역사』 96.

이홍두, 2016, 「조선전기 畿甸의 馬牧場 설치」, 『서울과 역사』 93.

이홍두, 2016, 「호마의 전래와 조선시대 호마목장의 설치」, 『軍史』 99.

이홍두, 2016, 「조선전기 하삼도 마목장의 설치와 통폐합」, 『전쟁과 유물』 8.

이홍두, 2014, 「조선시대 강화도 馬牧場의 置廢와 戰馬의 생산」, 『軍史』 93.

이홍두, 2013, 「고구려 胡馬의 유입과 鐵騎兵」, 『歷史와 實學』 52.

이홍두, 2011, 「한국 기마전의 시대적 변동 추이」, 『마사박물관지』 마사박물관, 2012.

이홍두, 2008, 「병자호란 전후 江都의 鎭堡설치와 관방체계의 확립」, 『인천학연구』 9.

이홍두, 2007, 「고려의 몽골전쟁과 기마전」, 『歷史와 實學』 34.

이홍두, 2006, 「임진왜란초기 조선군의 기병전술」, 『백산학보』 74.

유승원, 1973, 「조선전기의 신양역천 계층」, 『韓國史論』 1.

尹京鎭, 2007, 「고려 태조대 都護府 설치의 추이와 운영-북방 개척과 통일전쟁-」, 『軍史』 64.

尹武炳, 1962, 「高麗時代 州府郡縣의 領屬關係와 界首官」, 『동빈김상기교수 화갑기념사학논총』.

林容漢, 2009, 「조선 건국기 수군개혁과 해상방어체제」, 『軍史』 72.

최형국, 2021, 「〈서평〉 한국 기마전 연구의 초석을 세우다- 이홍두 저, 『한국 기마전 연구』, 혜안.

森爲三, 1926, 「朝鮮馬の系統」, 『日本畜産學會報』 4.

黃山貞裕, 1971, 「汗血馬と天馬」, 『騎馬の歷史』, 東京: 講談社.

林田重幸, 1958, 「日本在來馬の系統」, 『日本畜産學會報』 28.

찾아보기

인천학연구총서 목록

번호	서명	발행 연도
1	인천학 현황과 과제 1	2003
2	인천학 현황과 과제 2	2003
3	인천인구사	2007
4	인천 섬 지역의 어업문화	2008
5	식민지기 인천의 기업 및 기업가	2009
6	인천노동운동사	2009
7	인천 토박이말 연구	2009
8	조선후기~대한제국기 인천지역 재정사 연구	2009
9	인천문학사연구	2009
10	인천 영종도의 고고학적 연구 -신석기시대~원삼국시대-	2011
11	江華 寺刹 文獻資料의 調査研究	2011
12	한국 어촌사회와 공유자원	2011
13	강화 토박이말 연구	2011
14	인천인구사 2	2011
15	인천시 자치구(군)간의 지역불균형 특성분석	2012
16	강화 고전문학사의 세계	2012
17	江華의 檀君傳承資料	2012
18	인천의 누정	2013
19	강화학파의 『노자』 주석에 관한 연구	2013
20	인천 영종도의 옛 유적입지와 환경 변화	2013
21	한국 서해 도서지역 사람들의 생산과 교역	2013
22	지역 경제학의 연구방법론	2013
23	인천 연안도서 토박이말 연구	2014
24	인천체육사 연구	2014
25	인천고전문학의 현재적 의미와 문화정체성	2014
26	霞谷의 大學 經說 研究	2014
27	식민지기 인천항의 통상구조에 관한 실증적 연구	2014

28	대학생의 라이프스타일, 주거만족도와 대미래주거선호도 분석	2014
29	개항장 인천과 재조일본인	2015
30	한국 현대시와 인천 심상지리(心象地理)	2015
31	해항도시 인천 문화의 종교성과 신화성	2015
32	인천 전통시장의 성장과 쇠퇴	2015
33	서해5도민의 삶과 문화	2015
34	조선신보, 제국과 식민의 교차로	2016
35	구술로 보는 인천 민간소극장사	2016
36	다중스케일 관점에서 본 인천의 공업단지	2017
37	식민지기 인천의 근대 제염업	2017
38	인천이 겪은 해방과 전쟁	2018
39	토층(土層)에 담긴 인천의 시간	2018
40	언론에 비친 인천 산업사 연구	2018
41	이주로 본 인천의 변화	2019
42	인천의 도시공간과 커먼즈, 도시에 대한 권리	2019
43	협동과 포용의 살림공동체	2019
44	인천 지역의 민족운동	2020
45	항만하역 고용형태의 변천	2020
46	인천의 전통신앙	2021
47	인천의 장소 특정성, 걷기의 모빌리티와 도시를 경험하는 예술	2021
48	골목상권의 힘, 지역화폐	2021
49	인천의 향토음식	2021
50	1867년 인천 영종도 주민들	2022
51	도시재생의 이해	2022
52	조선시대 경기 서해연안의 목장 연구	2023

지은이 **이홍두(李弘斗)**

1953년 전남 해남 출생
홍익대학교 사범대학 역사교육과 졸업
홍익대학교 대학원 사학과 문학석사
동국대학교 대학원 사학과 문학박사
홍익대학교, 동국대학교 강사
홍익대학교 교수 역임

저서 『朝鮮時代 身分變動 硏究』, 『한국 기마전 연구』 외 다수
논문 「조선 초기 마목장 설치 연구」, 「胡馬의 전래와 조선시대 호마목장의 설치」,
　　　「조선시대 강화도 馬牧場의 置廢와 戰馬의 생산」 외 다수

인천학연구총서 52
조선시대 경기 서해연안의 목장 연구

2023년 2월 22일 초판 1쇄

기　획　인천대학교 인천학연구원
지은이　이홍두
펴낸이　김흥국
펴낸곳　보고사

등록 1990년 12월 13일 제6-0429호
주소 경기도 파주시 회동길 337-15
전화 031-955-9797(대표), 02-922-5120~1(편집), 02-922-2246(영업)
팩스 02-922-6990
메일 kanapub3@naver.com / bogosabooks@naver.com
http://www.bogosabooks.co.kr

ISBN 979-11-6587-436-0　94300
　　　　979-11-5516-336-8　(세트)
ⓒ이홍두, 2023

정가 21,000원